'ER

Ausflugsziele Schwäbische ALB

101 Highlights

ENTDECKEN UND ERLEBEN

Oertel + Spörer

Alle Angaben in diesem Buch wurden vom Autor sorgfältig recherchiert, sowie vom Verlag geprüft. Für die Richtigkeit der Angaben kann jedoch keine Haftung übernommen werden. Für Hinweise und Anregungen sind wir jederzeit dankbar.

Bildnachweis:
Sämtliche Fotos von Jürgen Meyer, Mössingen-Belsen

Postfach 1642 · 72706 Reutlingen

Lektorat: Ulrike Weiler
Umschlaggestaltung: Longo AG, I-Bozen
Layout und Satz: Longo AG, I-Bozen
Druck und Einband: Longo AG, I-Bozen
Printed in Italy
ISBN 978-3-88627-350-8

Aussichten

Burgen und Ruinen

Albtiefen und Höhlen

Familie unterwegs

Geopark - Natur pur

Am Wasser

Kunst und Kultur

Museen und Gedenkstätten

Schon wieder ein Buch über die Schwäbische Alb? Genau! Und zwar eines, das aus den zahlreichen, bereits existierenden Wander- und Ausflugsführern im wahrsten Sinne des Wortes mehrfach herausragt:
In „Ausflugsziele Schwäbische Alb" geht es um Natur- und Kultur-Höhepunkte der einmaligen Alblandschaft. Die Auswahl ist natürlich subjektiv, aber bunt durchmischt und zur einfacheren Orientierung in größere Themengruppen zusammengefasst:

Aussichten - Burgen und Ruinen - Albtiefen und Höhlen - Familie unterwegs - Natur pur - Am Wasser - Kunst und Kultur - Museen und Gedenkstätten.

Der hier vorgestellte Teil der Schwäbischen Alb umfasst die Region zwischen Albstadt auf der Zollernalb und der Teck am nördlichen Albtrauf sowie der Sigmaringer und Blaubeurener Alb an der Südseite. Natürlich zeige ich Ihnen touristisch bekannte Orte, an denen man einfach nicht vorbeikommt. Am Herzen liegt mir jedoch vor allem das Verborgene, das für viele noch Neuland sein dürfte - atemberaubende, wunderschöne Natur, packende Geschichte und begeisternde Kultur. Dieses Buch führt Sie zu Felsen mit grandiosen Aussichten, zu rauschenden Gewässern, zu idyllischen Dörfern, zu vergessenen Höhlen und Burgruinen und zu ganz besonderen Museen. Die Bandbreite der Einkehrtipps reicht vom Rote-Wurst-Kiosk über den regionalen Bio-Vermarkter bis hin zum gehobenen Restaurant.

Der hohe Nutzwert dieses handlichen Unterwegs-Buches liegt darin, dass es in der immer schnelllebiger werdenden Zeit unser geändertes Freizeitverhalten berücksichtigt. So richtet es sich in erster Linie an Ausflügler, die in einem eher kurzen Zeitraum jede Menge Besonderes erleben wollen und nicht unbedingt die Muße für eine mehrstündige Wanderung haben. Hier sind Singles, Senioren und Familien genauso berücksichtigt, wie Auto-, Motorrad- oder Rad-Fahrer.

Der Alb-Kurzbesucher profitiert dabei von den sehr übersichtlichen, jeweils auf einer Doppelseite präsentierten Ausflugszielen. Alle notwendigen Informationen, die man für den Besuch des jeweiligen Alb-Höhepunktes benötigt, sind wirklich auf den Punkt gebracht und lenken prägnant auf das Wesentliche. Im Gegensatz zu den üblichen Wanderbüchern ist auf detaillierte Wegbeschreibungen verzichtet worden; lediglich Anfahrtswege und Entfernungen sind aufgeführt.
Der Vorteil der 101 Ausflugsideen liegt auch darin, dass sie beliebig viele Kombinationsmöglichkeiten bieten – und damit dann auch wieder für Wanderer und all diejenigen mit mehr Zeit sehr interessant sind: je nach persönlichem Anfahrtsweg, eigenem Zeitrahmen, thematischen Vorlieben, Jahreszeit, Wetter und Tagesform.

Eines ist sicher: Mit diesem Buch sind Sie die nächsten Jahre vollauf beschäftigt.

Ihr Jürgen Meyer

(Foto: Lilli A. Werner)

Juergen.meyer.belsen@t-online.de

AUGSTBERGTURM
Wie ein Leuchtturm an der Küste

Vor rund 25 Millionen Jahren hätte der Turm auf dem Augstberg wie ein Leuchtturm gewirkt: Denn etwa 3 km südlich verlief der Küstenstreifen eines urzeitlichen Meeres, das zwischen Blumberg und Donauwörth an die heutige Südseite der Schwäbischen Alb schwappte. Diese Klifflinie ist heute noch zu erkennen, da sie die hügelige Nordhälfte der Alb von der eher kuppenlosen Südhälfte trennt. Einen Eindruck davon, gibt uns die Natur an einigen Spätherbsttagen: Und zwar dann, wenn sich die vom tiefer gelegenen Albvorland und dem Donautal kommenden Nebelschwaden bis zum Fuße des Turms hin ausdehnen. Dann blickt man wie über einen riesigen Ozean mit Wellenbergen - nur begrenzt von der ununterbrochenen Alpenkette am Horizont. Ein vergleichbares Alpenpanorama in dieser Ausdehnung sucht man auf der Alb vergeblich. Das wussten schon die alten Steinhilber. Als der Augstberg (augst = Auchtert/Weide) im Jahre 1889 aufgeforstet wurde, war es vorbei mit dem hervorragenden Rundumblick. Der Albverein ließ daraufhin zwei Aussichtsgerüste aufstellen: Das erste wurde 1898 durch ein Gewitter zerstört, das zweite fiel 1908 einem Sturm zum Opfer. Erst 1963 wurde der heutige 28 m hohe Turm eingeweiht.

Die Vesperstube im Turm ist von Mitte April bis Mitte November an Sonn- und Feiertagen geöffnet. Im Umfeld gibt es mehrere Feuerstellen und einen großen Kinderspielplatz. Seit über 50 Jahren richtet der Musikverein Steinhilben am letzten Augustwochenende das beliebte Augstbergfest aus. An drei Tagen gibt es inmitten der ansonsten stillen Waldidylle viel Musik, Tanz und herzhafte regionale Küche und sonntags einen großen Landmarkt. www.augstbergfest.de

Tipp

Nicht weit von Steinhilben entfernt, steht der wohl am wenigsten bekannte Aussichtsturm der Mittleren Alb: Der kleine, aber feine 12 m hohe Holzbau krönt den felsig-bewaldeten Dachenstein. Der ist mit 829 m der höchste Punkt der Hohensteiner Alb. Zwar ist das Weitblickfeld nur auf den Norden begrenzt, aber sehr reizvoll. Die wilde Felsgalerie unterhalb des Turmes ist beeindruckend. Anfahrt über die K 6737, 1 km vor Meidelstetten nach links zum Wanderparkplatz und dann über Waldweg bergauf. www.hohenstein.de

LAGE

Südlich von Trochtelfingen-Steinhilben

ERREICHBARKEIT

Der Augstberg (835 m) ist die höchste Bergkuppe im weiten Umkreis von Trochtelfingen. Gekrönt wird der bewaldete Gipfel von einem hölzernen Turm. Ein Fahrweg führt von Steinhilben (Ortsende Richtung Wilsingen, letzte Straße rechts ab) zum beschilderten Wanderparkplatz am Waldrand. Von dort geht es auf geschottertem Weg nach wenigen hundert Metern leicht ansteigend zum Turm. Alternativ kann man über Wanderwege oder querfeldein von allen Seiten den Turm ansteuern. Sein Zugang ist ständig offen.

BOLBERG WILLMANDINGEN
„Riesensärge zu Füssen"

„Zu Füssen stehen in langer Reihe die Riesensärge vom Filsenberg bis zum Dreifürstenstein. Die eigentümlichen Formen dieses Höhenzugs: Rechteckige, scharfkantige, gleichmäßig abstürzende Bergzungen legen den Vergleich mit einem Sarglager nahe", beschreibt der Albwanderer Julius Wais im Jahr 1903 seine Eindrücke vom Besuch des Bolbergs. Auch über hundert Jahre später hat sich daran nichts geändert: Beim Blick vom Aussichtspunkt in nordwestliche Richtung über den 1,5 km entfernten Talort Öschingen hinaus ins Obere Steinlachtal zeigt sich zwar, dass die Zivilisation mit Häusern und Straßen großen Raum eingenommen hat. Aber sonst sind im Umblick nur pure bergige Landschaften zu sehen.

Hinter dem Abhang des Schönbergs, der die beiden Roßberg-Kuppen trägt, erkennt man das Schloss Hohentübingen, weiter links die Wurmlinger Kapelle, Herrenberg und in der Ferne den Nordschwarzwald. Direkt unter der Freifläche vor der Schutzhütte des Schwäbischen Albvereins liegt wie ein Flugzeugträger die weite Ebene des Filsenbergs mit seiner markanten Kuppe – dem Meisenbühl. Links vom Filsenberg ragt tatsächlich ein Flugzeugträger heraus: Das Segelfluggelände des Farrenbergs, dahinter liegen der Dreifürstenstein, das Zellerhorn, der Plettenberg und der erste „Tausender" der Alb – der Oberhohenberg bei Schörzingen.

Alljährlich am „Vatertag" gibt es bei der ansonsten kaum frequentierten Bolbergschutzhütte eine gemütliche Hockete. Zwischen 11 und 18 Uhr sorgt der Musikverein Talheim hier an der Markungs- und Landkreisgrenze für musikalische Unterhaltung und Bewirtung. www.sonnenbuehl.de

Tipp

Am Wanderweg zum Bolberg fallen vor Eintritt in den Wald links gewaltige Wälle auf: Das sind militärische Schanzen, die aus der Zeit des Spanischen Erbfolgekrieges zu Beginn des 18. Jahrhunderts stammen. Diese Schanzanlage sollte die Feinde so lange aufhalten, bis Verstärkung aus dem Tal kommen würde. Die Verteidigungsanlage wurde jedoch nie gebraucht. Zwischen Salmendingen und Bad Urach gibt es 23 solcher Anlagen, die sogenannten „Alblinien". Der Geschichtslehrpfad „Roßbergschanze" führt bis zum Roßberg-Wanderparkplatz.

LAGE

Zwischen Öschingen und Willmandingen

ERREICHBARKEIT

Der Bolberg ist ein rund 881 m hoher Berggipfel am Albtrauf auf halber Strecke zwischen dem Mössinger Talteilort Öschingen und dem Sonnenbühler Ortsteil Willmandingen. Eine frei zugängliche Schutzhütte mit schöner Feuerstelle am Aussichtspunkt ist über verschiedene Wanderwege vom Steinlachtal aus erreichbar. Viele Besucher des nördlich unterhalb liegenden Naturschutzgebietes Filsenberg mit seinen wunderbaren Blumenwiesen (etwa 800 m, mit Wanderparkplatz) machen von dort einen Abstecher hinauf auf den Albtrauf. Die bequemste Anfahrt führt über Willmandingen: In der Ortsmitte in die Bolbergstraße einbiegen; sie führt auf die Hochfläche zum Sportgelände und zum dortigen Wanderparkplatz (845 m). Von hier auf befestigter Straße weiter, nach 1,5 km zunächst über Hochwiesen, dann durch den Wald zum Bolberggipfel.

BUSSEN
Der „Heilige Berg"

Der Bussen ist einer der meist besuchten Wallfahrtsorte in Oberschwaben und hat mit der Schwäbischen Alb nur die Nachbarschaft gemein. Allerdings ist er der einzige Berg südlich der Donau, der einen umfassenden Blick auf die Schwäbische Alb ermöglicht. Der Berg hat als einzige Erhebung seiner Umgebung den letzten Gletschermassen der Eiszeit standgehalten. Aufgrund seiner exponierten Lage im Flachland wurde er schon in frühester Zeit von den Menschen aufgesucht, verehrt und bewohnt. Im Jahr 805 ist die Bussenkirche erstmals in einer Urkunde des Klosters St. Gallen erwähnt. Eine Verehrung der Schmerzhaften Muttergottes auf dem Bussen ist seit 1521 bekannt. Ab Mitte des 13. Jahrhunderts krönte den Gipfel eine staufische Reichsburg. Vom als Aussichtsturm hergerichteten Bergfried ist heute eine herrliche Rundumsicht möglich: Nach Süden kann man nahezu alle 500 (!) Ortschaften Oberschwabens mit Federsee ausmachen sowie die ganz nah wirkende Alpenkette - von der Zugspitze bis zur Jungfrau.

Der Blick nach Norden auf die Schwäbische Alb ist in dieser Panoramabreite nur von hier möglich!

www.uttenweiler.de

Tipp

Rund um den Bussen führt ein 45-minütiger, beschaulich-meditativer Schöpfungsweg. Führungen können beim katholischen Pfarramt in Opfingen (Telefon 07374/765) vereinbart werden. Die 1963 umgestaltete Kirche St. Johannes Baptist (Chor von 1516) ist, wie der gesamte Berg, ein

Ort der Ruhe und des Friedens. Samstags und sonntags wird ganzjährig um 10 Uhr ein Wallfahrtsgottesdienst zu Ehren der Schmerzhaften Muttergottes abgehalten. Neben neun anderen Tagen im Jahr ist der Bussen vor allem am Pfingstmontag Ziel einer Männer- und Familienwallfahrt. Kirche und Wallfahrt werden vom Geistlichen Zentrum Bussen sowie von den Franziskanerinnen vom Kloster Sießen betreut.
www.gz-bussen.de

LAGE
Östlich von Riedlingen, zwischen Unlingen und Uttenweiler

ERREICHBARKEIT
Von Riedlingen auf der B 312 bis Offingen, am Fuße des „Heiligen Berges“ von Oberschwaben. Oberhalb des Ortes ist ein großer Parkplatz, von dem man in wenigen Minuten auf den 767 m hohen Aussichtsberg laufen kann. An der südwestlichsten Bergspitze liegt das Bussenkirchle - ein beliebtes Ziel großer Marienwallfahrten. An der Nordostseite ragt aus einer einstigen Burganlage ein restaurierter Burgfried als Aussichtsturm heraus.

BREITENSTEIN
Bilderbuch-Panorama

„Um den Rang des bedeutendsten Aussichtsbergs zwischen Hohenstaufen und dem Roßberg streiten sich die Teck und der benachbarte Breitenstein", heißt es 1905 in den Blättern des Schwäbischen Albvereins. Letzterer sei zwar nur „um einige Meter höher und bietet stofflich so ziemlich die gleiche Rundschau", aber dafür genieße der Breitenstein „den praktischen Vorzug, dass er auf der Höhenwanderlinie im Vorbeigehen berührt wird, ohne eine besondere Besteigung zu erfordern." Seine Vorzüge gegenüber den Teck-

felsen, „auf denen der Beschauer gleichsam zu nackt, zu ungedeckt im Flachland steht", sei „der gerühmte Vorzug eines Randpunktes, denen ein Vorberg wie die Teck Deckung, Vordergrund und Staffage verleiht".

Heute ist der Breitenstein einer der frequentiertesten Aussichtspunkte der nördlichen Alb. Man kann auf dem 200 m breiten Felsplateau aber auch schon mal ganz unter sich sein und ein Picknick vor herrlichster Kulisse genießen – wenn man das Wochenende meidet. Der Grund für die Beliebtheit des Felsvorsprungs liegt an seiner einmaligen und unbegrenzten Aussicht. Zu Füßen liegt die Limburg, ein ehemaliger Vulkan, und der Aichelberg. Gute Sicht vorausgesetzt, sieht man über Asperg und Stromberg bis zum Odenwald. Im Westen ist die Burg Hohen

Neuffen zu sehen, die Achalm bei Reutlingen und der Roßberg. Nach Süden schweift der Blick über Hengen bis in die Säntisgegend von Appenzell. Im Osten zeigen sich die drei Kaiserberge und die Ellwanger Berge. Auf den nackten Felsen hat sich eine seltene Flora, die es schon in der Eiszeit gab, erhalten können.

www.bissingen-teck.de

Tipp

Eduard Mörike amtierte vom Januar 1832 bis Oktober 1833 in Ochsenwang als Pfarrverweser. Er bewohnte die Räume im ersten Obergeschoss des damaligen Schulhauses gegenüber der Kirche. Hier schrieb er auch seinen einzigen Roman „Maler Nolten". Das kleine, aber feine Literaturmuseum präsentiert Briefe, Zeichnungen und Pfarrberichte aus Mörikes Hand.
www.moerikehaus-ochsenwang.de

LAGE

Nordwestlich von Bissingen/Teck-Ochsenwang

ERREICHBARKEIT

Das 811 m hohe Felsplateau des Breitenstein liegt oberhalb von Bissingen an der Teck und nordwestlich der Gemeinde Ochsenwang am Nordrand der Schwäbischen Alb. Die felsige Aussichtsfläche erreicht man entweder nach einem strammen Aufstieg von Bissingen aus oder aber ebenerdig in wenigen Minuten vom Wanderparkplatz Breitenstein. Dazu am Ende der Steige (K 1250) von Bissingen nach Ochsenwang auf der Hochfläche dem Schild Parkplatz Breitenstein folgen.

DREIFÜRSTENSTEIN
Drei Fürsten und ein Berg

Es ist die südlichste Ecke des Landkreises Tübingen und der höchste Punkt der Hechinger Gemarkung: der Dreifürstenstein mit seiner grandiosen Fernsicht. Einer Sage nach sollen sich hier, wo ihre drei Territorien zu einem Punkt zusammenkamen, einst die drei Fürsten von Werdenberg, Hohenzollern und Württemberg getroffen haben. Dazu wurde an dem heute noch vorhandenen Grenzstein tatsächlich einmal ein Sandsteintisch aufgestellt (zerstört 1915), der es jedem Herrscher ermöglicht hätte, bei der Beratung auf eigenem Gebiet zu sitzen. Die um 1850 niedergeschriebene Sage bezieht sich auf ein tatsächliches Treffen der Grafen Georg von Werdenberg, Niklas von Zollern und Eberhard von Württemberg, die im Jahr 1474 zu einer Gerichtsversammlung im nicht weit entfernten Melchingen zusammengekommen waren. Der Name des Berges lautete bis ins 18. Jahrhundert „Scharfes Eck". Seinen heutigen Namen erhielt der Berg durch die auf dem Dreifürstenstein zusammentreffenden Territoriumsgrenzen von Hohenzollern-Hechingen, Württemberg und Fürstenberg.

www.moessingen.de

Tipp

Ein Kleinod ist die 1735 erbaute Kapelle „Zur schmerzhaften Muttergottes" in Melchingen. Hier stehen zwei seltene, noch recht gut erhaltene Sühnekreuze. Ein Sühnevertrag wurde von den drei Grafen zu Zollern, von Württemberg und von Werdenberg verfasst und belegt, dass in Melchingen um 1450 Hans Singer aus Undingen von zwei Melchingern im Streit erschlagen wurde. Als Wiedergutmachung mussten die Täter das Sühnekreuz errichten lassen, in Klöstern Buße tun und entgingen so einer Leib- oder Lebensstrafe. Auch das zweite zu sehende Sühnekreuz entstand nach einem begangenen Totschlag, hierauf nimmt eine Melchinger Urkunde von 1614 Bezug.

LAGE

Südlich von Mössingen-Belsen; östlich von Hechingen-Beuren

ERREICHBARKEIT

Der 845 m hohe exponierte Dreifürstenstein gleicht einem Eckpunkt am Albtrauf. Unter ihm hat sich das Tal der Starzel tief in das Mittelgebirge gefressen. Auf vier Routen gelangt man zu dem famosen Aussichtspunkt mit Schutzhütte und Feuerstellen: Der bequemste Weg führt über die Burladinger Teilorte Ringingen / Salmendingen zum Wanderparkplatz beim Kornbühl, von wo es ebenerdig 2 km Fußwegstrecke sind. Halb so lang, aber steiler und abenteuerlicher, ist der Pfad, der vom Wanderparkplatz am „Alten Morgen", südlich von Belsen, durch den Wald hinaufführt. Durch die herrliche Wacholderheide des Hechinger Teilorts Beuren führt der kürzeste Anstieg von Westen her – Start hier am Wanderparkplatz mit Spielplatz am Ortsende von Beuren. Auch über den Premiumwanderweg „Dreifürstensteig" gelangt man über einen Serpentinenpfad auf die Albhochfläche. Nach 2 km entlang des Albtraufs ist der Gipfel erreicht. Start vom ausgeschilderten Wanderparkplatz „Bergrutsch" von Mössingen-Talheim kommend.

HOCHBERG
Der Sieben-Täler-Blick

Es ist der schönste Blick auf die Altstadt von Bad Urach: Vom Michelskäppele hat man nicht nur den 63 m hohen Turm der spätgotischen Stiftskirche St. Amandus im Visier – auch die Festungsruine Hohenurach liegt durch's Fernglas oder Tele der Kamera in greifbarer Nähe. Der Pavillon erinnert an die nach der Reformation zerfallene Kapelle „St. Michel auf dem Hohenberg", die allerdings tiefer stand. Die heutige „Kappel" geht auf eine Spende des Textilfabrikanten Eugen Groß im Jahr 1880 zurück.

Der bereits prächtige Blick von hier wird durch den weiten Sichtradius vom Hochberg noch getoppt. Man kann vom Rand der felsigen Albhochfläche die Mündungen von insgesamt sieben Tälern ausmachen. Der Weg entlang des Traufs nach Süden (Richtung Wittlingen) führt über geschützte Naturdenkmal-Felsen mit darunterliegenden Höhlen. Von ihren nicht ungefährlichen Höhenplattformen aus hat man atemberaubende Tiefblicke ins Seeburger Tal und hinüber nach Sirchingen. Den Traufweg unbedingt bis zum „Kunstmühlefelsen" (1 km) weitergehen: Denn von hier gibt's den absolut schönsten Blick talwärts auf Bad Urach und talaufwärts auf die ehemalige Felsenburg „Baldeck".

www.badurach-tourismus.de

Tipp

Bad Urach, inmitten des Biosphärengebiets Schwäbische Alb gelegen, hat seinen Besuchern unglaublich viel zu bieten. Nach der Höhentour empfiehlt sich zuerst eine leckere Stärkung beim Bäcker, im Café oder in der Eisdiele und dann ein Bummel durch die historische Altstadt – ein Kleinod württembergischen Fackwerkbaus. Der Marktplatz gilt als einer der schönsten in Süddeutschland. Um 1460 wurde Württemberg geteilt und die südliche Landeshälfte von Bad Urach aus regiert. Aus dieser Zeit stammt eines der letzten erhaltenen spätmittelalterlichen Residenzschlösser im Land, in dem Graf Eberhard im Barte geboren wurde. Der goldene Saal ist einer der schönsten Renaissanceräume in Deutschland. www.schloss-urach.de

LAGE

Östlich von Bad Urach

ERREICHBARKEIT

Der Hochberg ist eine bis zu 720 m hohe Berghalbinsel, die zwischen dem Oberen Ermstal (Bad Urach-Seeburg) und der Ulmer Steige (B 28 von Bad Urach nach Römerstein) liegt. Entlang des Traufs führt ein aussichtsreicher Wanderpfad auf den markanten Hochbergfelsen. Unterhalb des Gipfels am Nordhang liegt auf 615 m Höhe der Aussichtspunkt Michelskäppele. Ein malerisches Ziel für Wanderer, die von Bad Urach aus (Parkplatz P 13 beim Wilhelmsplatz / Greuth) den Höhenunterschied von 170 m meistern und auf den Berg steigen wollen. Der Anstieg führt über den Weg „Am Hochberg" oder auf dem „Sanatoriumsweg" bis zur Waldgrenze, dann im Zickzack weiter zum Aussichtspavillon. Von dort geht es mäßig bergauf auf den Hochberg. Zu ihm gelangt man - alternativ motorisiert - auch über Wittlingen: Vom Tal (B 465) die Steige hoch, in der ersten scharfen Rechtskehre geradeaus steil durch den Wald zur „Schanz" (Hochfläche). Nach einer Linkskurve befindet sich ein Wanderparkplatz, oder aber man folgt der geteerten Straße 2 km bis zum Ende, links beginnt dann der Traufweg.

AUSSICHTSTURM HURSCH
Imposanter Stahlgitterkoloss

Als auf dem Münsinger Truppenübungsgelände noch scharf mit Artillerie und Mörser geschossen wurde, diente der Turm „Hursch" als Beobachtungsposten. Gebaut wurde die 42 m hohe Stahlkonstruktion im Jahr 1981, auf dem Höhepunkt der deutschen Friedensbewegung gegen den NATO-Doppelbeschluss. Nach der Wiedervereinigung kam das Aus für die hier übenden Soldaten. Das Gelände ist mittlerweile Kernzone des Biosphärengebiets Schwäbische Alb.

Die 853 m hohe Anhöhe, auf der der Turm steht, ist die dritthöchste des 67 km² großen ehemaligen Truppenübungsplatzes. Bei starkem Wind wird der Aufstieg durch das offene Treppenhaus zum Erlebnis - aber nur für schwindelfreie Turmbesteiger. Je nach Wetterlage bietet die ungehinderte Rundumsicht in alle Richtungen einen fantastischen Weitblick: Nach Norden schweift der Blick über die Teck, zum Hohenstaufen und weiter zum Stuttgarter Fernsehturm. Im Südosten lässt sich gar der Turm des Ulmer Münsters ausmachen. Bei klarer Sicht erscheint die große breite Mauer der Alpen im Süden. Nach Westen zu zeigen sich die Silhouetten von Schloss Lichtenstein, Roßbergturm und Schönbergturm (im Volksmund auch: Pfullinger "Onderhos" – der markant-weiße Aussichtsturm über dem Echaztal.

Tourist-Information Münsingen (Tel. 07381/182145) oder im Biosphärenzentrum Schwäbische Alb, Münsingen-Auingen (Tel. 07381/93293831)

Tipp

Ein Ausflug zum verlassenen Dorf Gruorn. Es wurde 1939 zur Erweiterung des Truppenübungsplatzes geräumt, die Bewohner wurden umgesiedelt. Die Kirche und das Schulhaus sind die einzigen verbliebenen Gebäude, die an das ehemalige Dorf erinnern (sonn- und feiertags geöffnet). Ein historischer Rundweg durch Gruorn gibt Aufschluss über das Schicksal des verschwundenen Ortes und seine 665 Einwohner. Aus Naturschutzgründen, und weil das Übungsgelände stark mit Munitionsresten belastet ist, dürfen nur bestimmte Wege benutzt werden. Sie sind durch gelb markierte Holzpflöcke sowie auf den Asphalt gezeichnete gelbe Rauten gekennzeichnet. Der kürzeste Zugang (2 km) ist vom Parkplatz Münsingen-Trailfingen aus. www.gruorn.de

LAGE

Südwestlich von Zainingen am Rande des ehemaligen Truppenübungsplatzes

ERREICHBARKEIT

Der ehemalige militärische Beobachtungsturm steht rund 2 km südwestlich der Zaininger Ortsmitte am Rand des für den Verkehr gesperrten ehemaligen Truppenübungsplatzes. Vom Ortszentrum auf der Münsinger Straße bis zur alten Panzerringstraße fahren, wo es ausreichend Parkmöglichkeiten gibt. Von dort führt ein gut ausgeschilderter, geschotterter Fuß- und Radweg (etwa 1 km) auf die Anhöhe im Wald zum Aussichtsturm. Dieser ist vom 15. März bis 15. November an Sonn- und Feiertagen geöffnet. An Werktagen und während der Wintermonate erhält man den Schlüssel gegen Kaution unter anderem im Gasthaus Engel, Zainingen (Tel. 073 82/388), Gasthaus Löwen, Zainingen (Tel. 07382/396) oder im Rathaus Römerstein (Tel. 07382/9398-0).

LOCHENHÖRNLE
Grand Canyon der Zollernalb

Die Talbewohner nennen den drohend aufragenden Felsabsatz „Hackenfels"; für die Tieringer, zu dessen Gemarkung er gehört, ist er eine hornartige in die Tiefe hinaushängende Anhöhe – das „Hörnle", der östlichste Eckpunkt in der Reihe der Lochenberge. Vom Plateau gibt es den nur hier möglichen einzigartigen Blick über das breite Eyachtal nach Osten hinüber auf die Zollern- und beginnende mittlere Alb. Und die zeigt sich hier fast wie der berühmte Grand Canyon: Eine gewaltige Schluchtenlandschaft, die sich am Horizont verliert. Freilich gibt es wegen des Hangbewuchses außerhalb der vegetationsarmen Zeit keinen 360-Grad-Rundumblick. Allerdings bietet die tolle Höhe von verschiedenen Standorten unterschiedliche Fernsichten: „Der Blick scheint in unbegrenzte Fernen zu schweifen", schwärmte der Wanderpionier Julius Wais. Immer wieder von Albgipfeln unterbrochen, bieten sich herrliche Ausblicke zum Schwarzwald oder gar zur Alpenkette am Horizont. Auf dem „Hörnle" erinnert ein Denkmal an den Leidensweg der im Zweiten Weltkrieg gefallenen Soldaten der 4. Gebirgsdivision „Enzian".

www.messstetten.de

Tipp

Wer am großen Parkplatz oben am Lochenpass parkt und noch mehr Aussicht satt genießen möchte, erreicht zu Fuß in wenigen Minuten über einen Serpentinenpfad den Gipfel des Lochensteins (963 m) mit seiner ebenfalls famosen Aussicht. Unterhalb des Lochensteins liegt ein schöner Grillplatz in herrlich weitläufiger Landschaft.

LAGE

Nördlich von Meßstetten-Tieringen

ERREICHBARKEIT

Das zur Gruppe der Lochenberge zählende „Hörnle" (956 m), steil oberhalb von Balingen-Weilstetten und nördlich von Tieringen, gehört bereits zum Heuberg und damit zur Westalb. Vom Lochenpass (Wanderparkplatz) führt ein 2,5 km langes Teilstück des Alb-Nordrandweges zum „Hörnle". Noch bequemer geht's von Meßstetten bzw. Laufen kommend über die K 7143 Richtung Tieringen. Bevor's in Serpentinen abwärts geht, zweigt in der Kurve die Zufahrt zum Wanderparkplatz „Hörnle" ab. Von dort ist es noch gut 1 km zu Fuß bis zur großen Aussichtsfläche.

ROSSBERGFELSEN GLEMS
Blick auf den Odenwald

Der Name des Roßberges geht auf die sommerliche Weidehaltung der württembergisch-herrschaftlichen Hengstfohlen zurück. Seit 1953 gehört der Großteil des Roßfeldes den dort startenden und landenden Flugsportlern. Die vom Ermstal aus zu sehenden markanten, weiß in der Sonne leuchtenden Felsen sind allesamt als Geotope geschützt. Als Aussichtspunkte sind sie zu jeder Jahreszeit sehr beliebt. Vom Gestütshof St. Johann nach Norden gehend, startet die Reihe der Felsgalerien mit den „Höllenlochfelsen". Die 140 m lange und 40 m breite Gruppe wird vom Traufweg nicht berührt. Nicht weit davon ragt die Gruppe „Fünf-Finger-Fels" aus dem Laubwald. Der am Weg folgende „Grüne Fels" (803 m) war in der Bronzezeit von Menschen besiedelt. An der leicht zugänglichen Felsbasis liegt eine 10 m lange und 4,50 m breite Höhle. Vom Felsplateau bietet sich bei klarem Wetter eine fantastische Weitsicht bis zum Nordschwarzwald. Nach wenigen Minuten führt der Wanderpfad abwärts zur Feuerstelle des „Wiesfelsen" (785 m), einem wildromantischen Kletterpark mit Höhlen. Von hier geht's über die Wiesen vorbei an einem Fliegerdenkmal abwärts zum bekannten „Roßfels" (775 m), einer kompakten Weißjura-Felsgruppe mit herrlichsten Aussichten. Hier lohnt sich auch ein Abstieg über die Treppen zu seiner Basis.

www.lsv-rossfeld.de

Tipp

Auf dem Roßfeld hat Herzog Ulrich im Jahr 1507 ein gewaltiges Wildschwein, das die Gegend um Urach unsicher machte und Ernten zerstörte, eigenhändig mit einem Sauspieß erlegt. Da

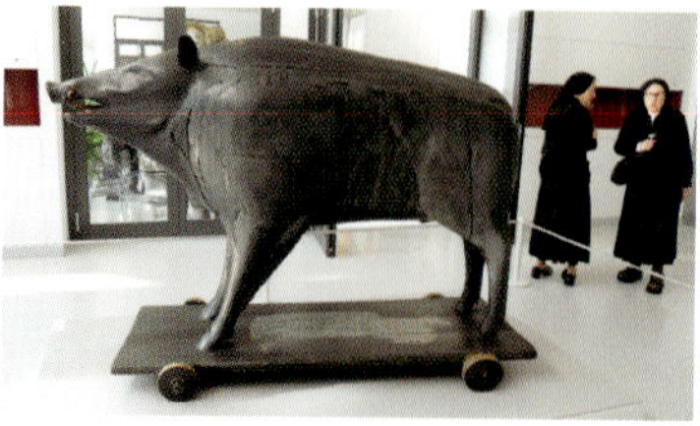

nur dem Landesherren das Jagdprivileg zustand, wandten sich die geplagten Bauern an den Herzog. Es war das seinerzeit gefährlichste Jagdunternehmen. Das große Tier wurde als Beweis der Heldentat in Holz nachgebildet, mit einem Federmechanismus auf „lebensecht" getrimmt und mit dem Fell belegt. Es ist im Bad Uracher Residenzschloss ausgestellt. www.schloss-urach.de

LAGE

Östlich von Metzingen-Glems auf der Berghalbinsel des Roßberges

ERREICHBARKEIT

Die bis zum Ermstal reichende Hochfläche der St. Johanner Berghalbinsel heißt „Dettinger Roßberg". Das aus Weide- und Ackerflächen bestehende Plateau nebst einem Segelfluggelände wird Roßfeld genannt. Von Glems aus führen mehrere Wanderwege auf die Hochfläche. Es gibt auch eine geteerte Zufahrt zum Fluggelände, die ist aber nur an den jeweils ersten Sonntagen der Monate April bis November geöffnet (bewirtschaftetes Vereinsheim). Es empfiehlt sich, die Wanderung entlang der Reihe der exponierten Aussichtsfelsen beim Gestütshof St. Johann zu starten: Nach etwa 1 km gelangt man auf dem gut ausgeschilderten Weg zunächst zu den Höllenlochfelsen. Dem Trauf auf schmalen Pfaden weiter folgend, erreicht man nach 300 m den Aussichtspunkt Grüner Fels, es folgt der Kletterpark Wiesfels und nach weiteren 800 m der bekannte Roßfels, der rechts der Auffahrt zum Roßfeld liegt.

AUSSICHTSTURM ROSSBERG
Hoher Turm auf steilem Kegel

Von allen Aussichtstürmen auf der Traufseite der Schwäbischen Alb bietet der Roßberg die besten Blicke in die nördliche Landschaft – und zwar zu jeder Jahres- und Tageszeit. Es empfiehlt sich einfach, den Turm mehrmals zu besteigen. Beim nächtlichen Besuch auf der Turmspitze fühlt man sich beim Anblick des Lichtermeers wie in einem Flugzeug – Windgeräusche in der unverglasten Aussichtsplattform inklusive. Das liegt daran, dass das Roßfeld die am weitesten vorgeschobene Bergflanke der Alb ist. Im Nordwesten sieht man die Kuppen der Kaiserberge. Nach Südwesten hin beeindrucken die Albausläufer Filsenberg, Farrenberg, Dreifürstenstein, Hohenzollern, Lochenstein, Schafberg und der mit dem markanten Funkturm gekrönte Plettenberg. Bei gutem Wetter reicht der Blick bis zum dunklen Band des Schwarzwaldes, und im Süden kann man die 175 km entfernte Zugspitze erahnen. 2013 hat der Schwäbische Albverein den 100. Geburtstag des Turmes gefeiert. Die damalige innovative Bauweise in modernster Gußbetontechnik bereitete dem Verein in den Folgejahren oft Kopfzerbrechen, weil die Betonmasse porös und luftdurchlässig wurde. Vor rund 3.000 Jahren war der Roßberg eine frühkeltische Siedlungs- oder Kultstätte. Davon zeugen Terrassierungen im Hang und Scherbenfunde, vor allem an der Südwestecke.

Roßberghaus (Tel. 0 70 72/70 07)

Tipp

Rückzugsort für den schillernden Alpenbock. Der große, blau-schwarz gefärbte Alpenbock ist einer der auffälligsten Käferarten, die bei uns heimisch sind, und kommt in Deutschland vor allem im Traufgebiet der Schwäbischen Alb vor. Er lebt in lichten, sonnenbeschienenen Buchenwäldern. Zur Eiablage am Ende des Sommers dienen abgestorbene, stehende oder liegende Buchenstämme, die als

Totholz über Jahre im Wald verbleiben. Biosphärengebietsverwaltung, Kreisforstamt Reutlingen und Umweltbildungszentrum Listhof haben am Gönninger Roßberg verschiedene Maßnahmen ergriffen, um es dem Alpenbock so angenehm wie möglich zu machen und mit geschlagenem Holz und noch stehenden, entrindeten Buchenstämmen auf längere Zeit Brutplätze für den Käfer gesichert. Im Juli und August „fliegen" die Käfer und sind auf einer kleinen Tour rund um den Roßberg gut zu beobachten.

LAGE

Südlich von Reutlingen-Gönningen auf der Berghalbinsel des Roßfeldes

ERREICHBARKEIT

Der 28 m hohe Turm thront auf dem Roßberg (869 m), einem Bergkegel, der sich rund 100 m über der Berginsel des Roßfeldes erhebt. Vom Tal führt der kürzeste Weg vom Rathaus Gönningen über die Roßbergstraße in engen Serpentinen in etwa 30 Minuten zum großen Wanderparkplatz mit Grillstellen am Fuße des Aussichtsberges. Dieser Parkplatz ist auch bequem vom westlichen Ortsende Sonnenbühl-Genkingens aus über die 5 km lange K 6730 (am Skilift vorbei) zu erreichen. Von Mössingen-Öschingen (Freibadparkplatz) führt ein Wanderweg durch das Öschenbachtal zum Turm hinauf. An Werktagen kann man direkt zum Turm mit Wanderheim und Gaststätte hochfahren und dort parken. Der Turm ist nur zu erklimmen, wenn die Gaststätte geöffnet hat.

SCHLOSSFELSENTURM

Felszinnen tausend Meter über dem Meer

Um das Jahr 1100 ließ eine Adelsfamilie in der unwirtlichen Höhe von 953 m eine Burg oberhalb Ebingens errichten. Gut einhundert Jahre später wurde Burg He(ä)ringstein wieder aufgegeben und zerfiel. Unweit der ehemaligen Burganlage baute der Verschönerungsverein Ebingen einen Aussichtsturm, der 1993 saniert und mit Funkantennen bestückt wurde. Der zweistöckige Turm (Eingang bei 932 m Höhe) bietet von zwei rundum führenden Plattformen auf 960 m und 972 m Höhe grandiose Nah- und Weitsichten. Im „obersten Stock" unterstützt eine Panoramatafel bei klarer Sicht die Zuordnung der fernen Alpengipfel von der Zugspitze bis zum Säntis.

Aber auch bei trübem Wetter wird der Aufstieg durch die Vogelperspektive auf das eng besiedelte Schmiechatal belohnt. Mit dem Fernglas lässt sich Richtung Norden das Quellgebiet dieses Donauzuflusses am Albtrauf oberhalb Onstmettingens erkunden, gute Orientierung bietet dabei der rotweiße Funknadelmast des Raichberges, der ein wenig rechts davon steht. Der Lauf des Albflüsschens lässt sich nach Süden bis Ehestetten verfolgen, wo aus der Schmiecha die Schmeie wird.

Nach dem knackigen Abstieg lädt das Waldheim mit großzügigem Biergarten zur Stärkung ein. Wer

von den Kleinen noch Energie hat, kann sich auf dem Kinderspielplatz oder beim Minigolfspielen austoben. www.traufgaenge.de

Tipp

Unterhalb des Schlossfelsens haben sich so manche Höhlen versteckt: Die 11 m lange Schlossfelsenhöhle, nicht weit davon beginnt am Wanderweg hinunter zur Stadt die 13 m lange Bankhöhle mit einem geräumigen Felsdach, unter das einst die Burgbewohner bei Gefahr flüchteten. Südwestlich des Turms liegt am Weg die 12 m große Hexenküche.

LAGE

Nordöstlich von Albstadt-Ebingen

ERREICHBARKEIT

Der in einer ehemaligen Burganlage errichtete 24 m hohe Aussichtsturm knackt mit seiner Antennenspitze die Tausender-Marke. Vom Ebinger Stadtkern im Tal führt ein kreislauffördernder Aufstieg über 233 Höhenmeter in etwa 1 h hinauf auf die bizarren Schlossfelsen zum Turm. Bequemer und mit 10 Minuten wesentlich schneller geht's von der Albhochfläche am Wanderparkplatz „Waldheim“ (zweigt von der L 448 Ebingen-Bitz ab) - an den 119 Stufen bis zur Aussichtsplattform kommt man jedoch nicht vorbei.

SCHÖNBERGTURM PFULLINGEN
Tor zur Schwäbischen Alb

Die meisten Aussichtstürme des Schwäbischen Albvereins sind Ende des 19. Jahrhunderts entworfen worden. Der damalige Boom, die Natur durch das Wandern unmittelbar zu erleben, führte nach langen Jahren des Spendensammelns 1906 zu dieser eigenwillig-genialen Konstruktion eines Doppelturms. Der Architekt Theodor Fischer hatte die Form ursprünglich als Entwurf für das Völkerschlachtdenkmal in Leipzig gedacht. Wegen seiner einzigartigen Form und weißen Farbe wird er im Volksmund auch liebevoll „Onderhos" genannt. Der Turm ist aus Eisenbeton gebaut und wird von zwei achteckigen Turmschäften, mit je 112 Stufen für den Auf- und Abgang, getragen. Beide sind in 20 m Höhe durch die längliche Aussichtskanzel miteinander verbunden. Ein prächtiger Ausblick bietet sich auf die Berge des Echaztals, umrahmt von Achalm und Georgenberg. Jede Menge gibt es entlang des Albtraufs zu erkennen, ganz am Ende die Umrisse von Teck und Hohenstaufen.

Am Fuße des Turms an der Ostspitze des ebenen Plateaus ist ein Kiosk, der sonn- und feiertags bewirtschaftet ist. Dies wird mit einer weithin sichtbaren, gehissten Fahne angezeigt. Beim Turm gibt es mehrere schöne Feuerstellen, Holzbänke und -tische.
www.pfullingeronderhos.de

Tipp

Die Hochwiese der Wanne (694 m) unterhalb des Turms ist im Frühjahr mit leuchtenden Enzianen übersät. In zwanzig Minuten hat man die „Halbinsel“ umrundet und wird dabei sogar mit einer besseren Panoramasicht als vom Turm auf das Pfullinger Stadtumland belohnt.

LAGE

Südlich von Pfullingen auf dem Schönberg

ERREICHBARKEIT

Der HW 5 des Schwäbischen Albvereins führt auf seiner Etappe zwischen Pfullingen, der Nebelhöhle und Schloss Lichtenstein an dem 793 m hoch gelegenen Schönbergturm auf der gleichnamigen Hochfläche vorbei. Ohne nennenswerte Steigungen gelangt man nach 3,5 km vom Wanderparkplatz „Ruoffseck“ am Ende der Stuhlsteige (Pfullingen-Genkingen) über die bewaldete Hochfläche zu dem 28 m hohen ungewöhnlichen Doppelturm.
Es führt jedoch auch eine steile, asphaltierte Steige auf das Hochplateau Wanne, von dem aus es nur noch 500 (steile) m zum Turm sind. Hierzu von der B 312 zwischen Pfullingen und Unterhausen die Ausfahrt Pfullingen Süd abfahren und den weißen Schildern Richtung Wanne folgen. Der Turm ist täglich geöffnet.

STERNBERG
Rundumblick vom Vulkankessel

Mit 844 m ist er der höchste Berg der Münsinger Alb – der Sternberg bei Gomadingen: ein ehemaliger kleiner Vulkan. Vor 15 Millionen Jahren durchbrach er die Erdoberfläche und spuckte Lava aus. Der Kesselrand ist heute im Nordwesten zerstört und abgetragen. Der wasserstauende Basalt im Untergrund macht es möglich, dass auf sage und schreibe 810 m eine (als „Brünnele" gefasste) Quelle entspringt und zur Lauter hinabplätschert. Von Offenhausen aus kann

man durch die felsigen Schluchten der dunkelfarbigen, erloschenen Lava zum Gipfel aufsteigen. Sein Name lässt sich vermutlich durch seine am Steilhang einschneidenden sieben Täler, die die Form eines Sternes (schwäbisch: „Stäre") ergeben, ableiten. Schon früh zog seine Erhabenheit die Menschen an: Im 7. Jh. vor Chr. ließ sich ein mächtiger Keltenclan auf der Ebene südwestlich des Gipfels bestatten. Noch heute sind die Grabhügel zu sehen. Die Bergkuppe, die etwa 200 m über dem Großen Lautertal liegt, trägt auch einen vom Schwäbischen Albverein initiierten Aussichtsturm: Bereits 1894 war in eine 10 m hohe Buche ein Aussichtsgerüst gebaut worden. Heute erinnert eine Gedenktafel am Aufstieg des westlichen Wanderweges an den morschen, in sich zusammengefallenen Baum. Der 1905 erbaute zweite, 26 m hohe Holzturm stand an der Stelle, wo 1982 das heutige Wanderheim errichtet wurde. Doch auch an ihm nagte der Zahn der Zeit ... Volksfeststimmung herrschte dann am 28. Juni 1958, als 150 m weiter der jetzige 32 m hohe Sternbergturm eröffnet wurde. Nach Besteigen der 142 Stufen hat man einen durch vier Orientierungstafeln unterstützten fantastischen Rundumblick auf die Mittlere Alblandschaft.

Tourist-Information Gomadingen
Tel. 0 73 85/9696-33
www.gomadingen.de

Tipp

Das Wanderheim beim Sternbergturm ist an Samstagen, Sonn- und Feiertagen bewirtschaftet, in den Sommerferien auch mittwochs. Die großzügige Grillstelle und ein schöner Kinderspielplatz können jedoch immer genutzt werden.

LAGE

Südwestlich von Gomadingen

ERREICHBARKEIT

Der Aufstieg auf den Sternberg ist aus verschiedenen Richtungen möglich und stets gut beschildert. Am eindrucksvollsten ist er durch den aufgerissenen Vulkankessel im Norden. Dort, wo die Baumallee von Offenhausen in die Landesstraße Gomadingen-Bernloch einmündet, ist am Waldrand ein Parkplatz. Von dort geht es in Serpentinen auf die Höhe. Reizvoll ist die Variante im Westen über den großen „Sternberg"-Parkplatz - hier führt der Wanderweg über eine prächtige Wacholderheide hinauf auf den Gipfel.

AUSSICHTSTURM STERNENBERG
Von der Windmühle zum Fernmeldeturm

Der skurrilste Aussichtsturm der Schwäbischen Alb steht auf einem der höchsten Berge der Münsinger Alb – dem Sternenberg. Ursprünglich war er 1900 auf der luftigen Anhöhe als Windmühle gebaut worden, das Sockelgeschoss aus Stein, das Obergeschoss aus Holz. Die Industrialisierung machte diese Form der Energieerzeugung aber eines Tages überflüssig. 1973 baute dann die Bundeswehr das nur 8 m hohe Gebäude zum Fernmeldeturm um. Nach Abzug des Militärs steht dieses besondere Gebäude heute den Albtouristen zur Verfügung. Rundherum lassen Holzliegen mit Blick auf die unberührte Naturlandschaft den Berg zu einem „Ort der Meditation" werden. Trotz bescheidener Turmhöhe überrascht das weite Blickfeld: Im Westen hat man Sichtkontakt zum Gomadinger Turm auf dem Sternberg, im Süden erspäht man die Ruine Hohengundelfingen im Großen Lautertal. Gute Fernsicht vorausgesetzt, kann man sogar die blaue Mauer der Alpenkette ausmachen. Weniger spektakulär, aber in dieser Perspektive nur vom Sternenberg aus möglich, ist die Übersicht auf den südlichen Teil des menschenleeren, ehemaligen Truppenübungsplatzes.

Tourist-Information Münsingen,
Tel. 07381/182145

Tipp

Im 2010 eröffneten Hauptinformationszentrum des Biosphärengebiets Schwäbische Alb erfährt man alles rund um dieses von der UNESCO ausgezeichnete vielfältige Naturreservat: Anschaulich vermittelt die toll gemachte, interaktive Ausstellung jede Menge über heimische Tiere und Wälder, die typische Landschaft, Beweidung und den ehemaligen Truppenübungsplatz. Das Zentrum liegt im Nachbarort Auingen,

im „Alten Lager", Von der Osten Straße 4 (ausgeschildert). Geöffnet hat es täglich, außer dienstags, vom 1.11. bis 31.3. von 11-17 Uhr und vom 1.4. bis 31.10. von 10-18 Uhr, Tel. 07381/93293831, www.biosphaerenzentrum.de.
Für Hungrige gibt es Leckeres aus regionalen Produkten zu probieren.

LAGE

Nordöstlich von Münsingen-Böttingen am Rande des ehemaligen Truppenübungsplatzes

ERREICHBARKEIT

Der Turm steht auf dem Gipfel des 836 m hohen Sternenbergs, nordöstlich und direkt beim Münsinger Teilort Böttingen. Von der Ortsmitte fährt man zur geschotterten Parkfläche des Sportplatzes, der oberhalb des Dorfes liegt. Von dort (große Infotafel) ist es nur ein kurzer Anstieg durch den Wald bergauf in Richtung Nordost. Der Turm ist an Sonn- und Feiertagen vom 15. März bis 15. November geöffnet. Werktags und in den Wintermonaten bekommt man den Turmschlüssel bei folgenden Böttingern gegen Kaution: Familie Rösch, Am Sternenberg 9, Tel. 07381/8281, Familie Bögel, Hardtstraße 28, Tel. 07381/8647 oder Familie Dufke, Fakelau 14, Tel. 07381/2299.

RUINE ACHALM
Hochadelsburg mit königlicher Aussicht

Jede Menge interessante und vergnügliche Geschichten ranken sich um den Hausberg der Reutlinger. Mit der Achalm liegt der ganz seltene Fall eines niedergeschriebenen Gründungsberichts vor: Nach den Aufzeichnungen eines Zwiefalter Mönchs wurde die Anlage von den Grafenbrüdern Egino und Rudolf im 11. Jahrhundert errichtet. Damit ist die Achalm um Jahrzehnte älter als die vergleichbaren Hochadelsburgen Zollern, Hohenstaufen oder Limburg, die ebenfalls am Nordrand der Alb liegen. Nach dem Aussterben dieser mächtigen Familien in der dunklen, urkundenarmen Zeit des Mittelalters ging die Burg an die herrschenden Familien der damaligen Zeit, erst an die Welfen, dann an die Staufer, die Hohenberger und schließlich 1330 an die Grafen von Württemberg. Leider sind von der Burg nur noch wenige Mauerreste und der um 1838 wieder aufgebaute Bergfried erhalten. Schon um 1500 war sie baufällig und während des Dreißigjährigen Krieges kam es zur endgültigen Schleifung der Burggemäuer. Viele Steine wurden damals auch als Baumaterial für Reutlinger Stadthäuser verwendet. 1967 setzte man dann den Bergfried als Aussichtsturm instand. „Die Rundumsicht ist außerordentlich anmutig", schrieb der bekannte Albwanderer Julius Wais 1903. „Zu Füßen liegt Reutlingen in voller Stattlichkeit und auf der anderen Seite Eningen in Krokodilsgestalt", schrieb er weiter und schwärmte von der Sicht auf die Kette der Albberge vom Randecker Maar bis zum Dreifürstenstein. In der Ferne erblickt man die ganze Schwarzwald-Westfront - von der Hornisgrinde bis zum Feldberg.

Die Anlage ist frei zugänglich. Grillstellen. www.reutlingen.de

Tipp

Das vielleicht schönste Höhenrestaurant an der Nordseite der Mittleren Alb nennt sich nach dem Reutlinger Hausberg. Direkt unterhalb der Burgruine kann im Achalm Restaurant, bei einzigartiger Aussicht auf Reutlingen und die Albtraufkette, genussvoll gegessen werden. Wobei sich der Ausflügler auch „nur" mit Kuchen oder Eis auf der herrlichen Panorama-Sonnenterrasse verwöhnen lassen kann (Montag Ruhetag). www.achalm.com

LAGE

Die Ruine Achalm thront auf dem gleichnamigen, frei stehenden Berggipfel zwischen Reutlingen und Eningen.

ERREICHBARKEIT

Von Reutlingen Richtung Metzingen auf der B 313. Bereits kurz nach dem Ortsschild führt innerhalb der Lärmschutzwand rechts eine Straße durch das Wohngebiet zu den Ausflugsparkplätzen unterhalb des Reutlinger Hausbergs. Wer auf den 707 m hohen Burgberg hinauf möchte, sollte gut zu Fuß sein. Stetig ansteigend zieht sich der schmale Fußweg in zwei Schleifen vom Parkplatz beim Restaurant rund 170 Höhenmeter an der westlichen Bergseite nach oben.

RUINE ANDECK
Einzige Burg direkt am Trauf

1282 wurde die Burg Andeck erstmals urkundlich erwähnt. Burgherren waren die Schenken von Andeck. Die mächtigen Grafen von Zollern hatten ihren treuen Hofbediensteten, den Mundschenken, ein Gebiet bei Talheim überlassen, wo sie sich diesen repräsentativen Sitz errichteten. Auf ihrer ursprünglichen Burg Zell bei Boll (siehe Kapitel Maria Zell) war es der Sippe nämlich zu eng geworden.

Andeck ist – von der länglichen Ausdehnung 465 (!) m – die größte Burganlage am Trauf der Mittleren Alb. Der Bergrücken, auf dem sie erbaut wurde, ist an seiner schmalsten Stelle nur 20 m breit. Bereits um 1340 wurde die große Anlage einerseits durch Erbteilungen, anderseits durch Verpfändungen der in wirtschaftliche Schwierigkeiten geratenen Bewohner immer mehr aufgesplittert. Tiefpunkt des vormals edlen Rittersitzes war der Sommer 1392, als die neuen „Untermieter" reiche Kaufleute entführten, um Lösegeld zu erpressen. Das Ende der Burg kam nicht durch Feuer, sondern durch Konkurs: Wegen zu hoher Unterhaltskosten wurde Burg Andeck dem Verfall preisgegeben.1437 verließ das Adelsgeschlecht die baufällige Burg und zog hinunter ins Tal. Dem Ortswechsel passten sie sogleich ihren Namen an und nannten sich fortan Schenken von Talheim. Um 1624 wird die Burg als Ruine beschrieben. Heute sind nur noch Mauerreste der einstigen Hauptburg erkennbar.

Die Anlage ist frei zugänglich. Bei Flugbetrieb (vor allem an Sonntagen) ist das Vereinsheim auf dem Farrenberg für Gäste geöffnet (Kaffee, Kuchen, Rote Wurst), Grillstelle vorhanden.
www.moessingen.de;
www.fsv-moessingen.de

Tipp

Der Farrenberg, ein sich vom Albrand lösender Zeugenberg, war keltische Höhensiedlung, Hochviehweide, Erzabbaugebiet und im Krieg Bombenabwurfstelle. An den beiden Nordecken der trapezförmigen Fläche gibt es schöne Aussichtspunkte mit fantastischer Fernsicht (1 bzw. 2 km von der Burg entfernt).

LAGE

Andeck liegt an der Südostspitze des Farrenbergs, rund 1,5 km westlich von Mössingen-Talheim.

ERREICHBARKEIT

Die mit 780 m am höchsten gelegene Burg des Kreises Tübingen – und die einzige am Albtrauf – kann nur zur Fuß erreicht werden. Man folgt in Talheim dem Hinweisschild zum Fluggelände auf den Farrenberg und wird über eine steile Straße in Serpentinen bis zu einem Parkplatz an der Waldgrenze geleitet. Von dort folgt man dem nur an Flugtagen geöffneten 500 m langen Sträßchen (oder einem Wanderpfad links davon) auf die Höhe. Die Straße erreicht die Hochfläche in einem vorgelagerten Burggraben. Von hier geht es links entlang des Traufes an den ehemaligen Vorburgen und drei weiteren Gräben vorbei, bis nach 150 m der Hügel mit der ehemaligen Hauptburg erreicht ist. Auf der an der Spornspitze vorgelagerten Vorterrasse befinden sich eine Schutzhütte des Albvereins und eine romantische Grillstelle.

RUINE HOHENBURLADINGEN
Rittersitz mit Felsenkeller

Gleich drei Burgruinen liegen am nördlichen Stadtrand von Burladingen hoch über dem vom Flüsschen Fehla bis zu 170 m tief ausgewaschenen Tal. Alle drei Rittersitze stammen wahrscheinlich von derselben edelfreien Familie der Burladinger Ortsherren. Die rund 900 Jahre alten Gemäuer haben es aber bisher nicht in die Liste der Sehenswürdigkeiten geschafft, mit denen ihre Nachfolger in der Stadtverwaltung heute um Touristen werben. Das ist verwunderlich. Während nämlich beide Falkenburgen von dichtem Wald eingehüllt und der schönen Aussicht beraubt worden sind, verhält es sich mit der Ruine Hohenburladingen anders: Der Ausblick vom Hochwachtfelsen, der von einem großen Holzkreuz gekrönt wird, ist beeindruckend. Von keiner anderen Stelle hat man einen solch umfassenden Blick auf das zu Füßen liegende Burladingen.

Die etwa 25 x 50 m große Burgfläche ist auf vier Teilflächen der Spornkuppe erbaut worden: Im Westen liegt ein Geländeabsatz, der von zwei Mauern eingefasst war. Der Burghof wird im Norden auf der geebneten Fläche vermutet. Im Osten stand der Palas. Im Süden, auf der höchsten Stelle der Kuppe, stand der Bergfried, von dem sich noch ein 1,50 m hoher Stumpf erhalten hat. Nach Osten hin endet die Anlage in einem senkrechten Felsabsturz. Der Wanderpfad schlängelt sich hier durch und passiert 25 m unterhalb der Burgebene die sagenumwobene Höhle Höllloch. Diese geräumige, 37 m lange Grotte, in der sich während der Frostperiode durch das von der Decke tropfende Wasser bizarre Stalagmiten-Teppiche bilden, hat den Burgbewohnern bestimmt als Keller gedient.

Die Anlage ist frei zugänglich.
www.burladingen.de

Tipp

Im Zentrum von Burladingen entspringt die Fehla, ein 17 km langes, mäanderndes Nebenflüsschen der Lauchert. Am „Fehlatopf" lässt es sich wunderbar ausruhen, und Kinder haben ihren Wasserspaß. Burladingen liegt an der Römerstraße Neckar-Alb. Rund 2 km westlich der Stadt, Richtung Hausen, liegt (Infotafel beim Parkplatz an der B 32) eine der größten römischen Anlagen auf der Mittleren Alb – allerdings unter der Erde: Hier stand ein 2 ha großes römisches Grenzkastell - Siedlungsreste zeugen von dieser bedeutsamen Vergangenheit am Alblimes.

LAGE

Die Ruinen der Burg Hohenburladingen liegen auf der Berghöhe Hochwacht, 500 m nördlich oberhalb des Stadtzentrums.

ERREICHBARKEIT

Von der B 32 in der Stadtmitte in die L 382 Richtung Stetten u. H. abbiegen. Nach 200 m links in die Steige „Hohe Wacht" einbiegen, diese schlängelt sich unterhalb des bebauten Berghanges. In einer Kurve in die oberste Straße „Kreuzfelsen" einbiegen, etwa in der Mitte zweigt ein Schotterweg zum Berg „Hochwacht" ab. Man kann diesem moderat ansteigenden Weg 1 km zur Hochfläche folgen oder gleich zu Beginn den ca. 500 m kürzeren Waldpfad zur Burg (895 m) einschlagen. Die Höllloch-Höhle liegt direkt am Pfad kurz vor der Anhöhe.

RUINE HOHENGENKINGEN
Vergangener Rittersitz im Zauberwald

Über den rätselhaften Hohengenkingen und seine Geschichte ist so gut wie nichts bekannt. Im frühen 12. Jahrhundert wird ein Rather von Genkingen als Vasall des Grafen von Achalm genannt. Die Ritterfamilie dürfte auf dem Berg ihren Sitz gehabt haben. Auch haben sich von der im 15. Jahrhundert aufgegebenen Anlage nur spärliche Steinruinen erhalten. Der Wald verhindert im belaubten Zustand zudem eine Aussicht von der exponierten Bergkuppe, was wiederum dazu führt, dass man hier auf dem höchsten Punkt von Sonnenbühl meistens keinen Menschen, sondern Natur pur antrifft! Das wiederum macht den kurzen Aufstieg besonders interessant, denn vor allem auf der schattigen Ostseite des Berges hat sich ein einzigartiger Zauberwald gebildet: Riesige Moosteppiche ziehen sich über die Kalksteinfelshalden, dazwischen huschen Feuersalamander und sprießen große Farne.

Die Gipfelburg wird von einem 25 m langen Graben und von einem Wall vom Bergrücken getrennt. Von Süden her führte ein Tor in die 70 m lange Anlage direkt auf einen 12 x 15 m großen Wohnturm(stumpf) zu. Am Vorwerk haben sich 80 cm hohe Mauerreste erhalten, ebenso die Fundamente der westlichen Zwingermauer. Möglich ist, dass in einer Hangtrasse im Nordwesten eine Vorburg lag. Das Gelände lässt viel Spielraum für Interpretationen. Womöglich war die 200 m entfernte Hohengenkinger Höhle in einem unscheinbaren Felsen ein Zufluchtsort: In der 10 m langen „Ahnenstube" mit 3 m hoher Halle können Kinder wunderbar Verstecken spielen.

Die Anlage ist frei zugänglich.
www.sonnenbuehl.de

Tipp

Einmal speisen wie die feinen Adligen? Auch das geht (wenn auch nicht unbedingt gleich im Anschluss nach einem Trip durch den Wald). Und zwar in Sonnenbühl. Dort liegt nach Meinung der Gusto-Guide-Gourmet-Tester eines der besten Landgasthäuser der Alb, zum 21. Mal in Folge mit dem Michelin-Stern ausgezeichnet. Die Rede ist vom „Hirsch" in Erpfingen (Im Dorf 12): Genießen Sie entweder in der rustikalen Dorfstube die deftige Regionalküche oder im Feinschmeckerrestaurant die eher ausgefallenen Kreationen von Gerd Windhösel, dessen schnörkellose Küche seit jeher stark regional verwurzelt ist.
www.hirsch-sonnenbuehl.de

LAGE

Die Burgstelle Hohengenkingen liegt 1,5 km südöstlich von Sonnenbühl-Genkingen auf Undinger Markung.

ERREICHBARKEIT

Die mithin höchste Erhebung auf Sonnenbühler Markung ist der 861 m hohe bewaldete Burgberg mit den verwachsenen Resten des Hohengenkingen. Von Genkingen Richtung Schloss Lichtenstein/Engstingen liegt rund 1 km nach der Abzweigung zur Nebelhöhle eine große Parkbucht. Von hier geht's 300 m zurück, an einem rechts einmündenden Feldweg quert man die L 230 und läuft 250 m bis zum Waldrand. Dort dem Forstweg am Hang aufwärts folgen, bis ein Pfad direkt Richtung Gipfel abzweigt: Wanderstrecke gesamt rund 1,8 km. Die Hohengenkinger Höhle „Ahnenstube" liegt 200 m nordnordöstlich der Ruine, auf halber Hanghöhe in einer kleinen Felsformation.

RUINE HOHENTIERBERG
Die Unvollendete auf höchstem Niveau

Sie ist unvollendet, aber auf hohem Niveau. Die Burgstelle liegt nämlich auf dem höchsten und ungemütlichsten Ort der Markung Albstadt. Lange vor dem Mittelalter haben sich hier in fast 1.000 m Höhe Kelten niedergelassen. Vereinzelt findet man Scherben, die alpine Maulwürfe unentwegt zu Tage fördern. Ob die Menschen vor rund 2.500 Jahren hier oben bereits einen Schutzgraben um die Gipfelkuppe angelegt hatten, wissen wir nicht. Irgendwann nach der ersten Jahrtausendwende ist auf jeden Fall mit der Gestaltung eines 35 m langen Grabens begonnen worden. Das rund 30 m lange Wall-Graben-Gebilde ist nicht zu Ende gebaut worden. Am Steilhang wurde der Fels noch auf einer Länge von 10 m tief abgetragen, Richtung Hochfläche aber nur muldenförmig ausgeräumt. Warum die Burg nicht vollendet wurde, ist rätselhaft. Urkundlich taucht sie nirgends auf, und über Fronleistungen von Handwerkern wurden nie Aufzeichnungen gemacht. Da die unvollendete Anlage mitten im Herrschaftsbereich der Herren von Tierberg liegt, ist sie wahrscheinlich diesem weit verzweigten Geschlecht zuzuordnen. Der Name Hohentierberg würde dann am ehesten zutreffen. Die Tierberger sind die Nachfolger der Ortsherren von Lautlingen, die mehrere Burgen besaßen. Eine davon ist der Wildentierberg am Ochsenberg, nordöstlich von Lautlingen (vgl. Kap. Ruine Wildentierberg). Auf dem Burgareal ist Ihr Vorstellungsvermögen gefragt - wie hätte die Kernburg-Ebene bebaut sein können? Für den Aufstieg wird man auf jeden Fall mit einem unvergleichlichen Blick über Lautlingen ins Eyachtal belohnt.

Tipp

Vollendete Werke der Kunst gibt es indessen in der Galerie Albstadt (Städtische Kunstsammlungen, Im Kirchengraben 11, Ebingen) anzuschauen: Als eine der bedeutendsten kommunalen Sammlungen des Landes umfasst sie rund 20.000 Arbeiten auf Papier und 250 Gemälde. Mittelpunkt der Ausstellung sind 450 Werke von Otto Dix – einer der größten Bestände von Arbeiten auf Papier weltweit. Daneben sind es Blätter expressionistischer Künstler wie Ernst Ludwig Kirchner, Erich Heckel und Max Beckmann, die im Zentrum der Sammlung stehen. Einen weiteren Schwerpunkt bildet eine Spezialsammlung zum Landschaftsbild der Schwäbischen Alb vom 17. Jahrhundert bis in die Gegenwart. Öffnungszeiten: Di bis Sa, 14-17 Uhr, So und Fei 11-17 Uhr. www.galerie-albstadt.de

LAGE

Südwestlich von Albstadt-Lautlingen auf dem Oberen Berg

ERREICHBARKEIT

Von Lautlingen Richtung Meßstetten. Am Hang zweigt rechts ein Sträßchen zum Hofgut Tierberg ab. Auffahrt nur für Anlieger. Der Weg führt nach 2 km am Hofgut vorbei und nach weiteren 400 m hinauf zum höchsten Punkt des Berges, an die Burgstelle auf 982 m.

Alternativ von Meßstetten Richtung Hossingen: Nach 1 km rechts auf den Wanderparkplatz Oberbuch. Weiter Richtung Tierberg, zunächst dem Hangweg rechts entlang der Schlucht folgen und dann weglos geradeaus zur höchsten Kuppe der Hochfläche aufsteigen (1,5 km).

RUINE HORNSTEIN
Vom Barockschloss zum Zuchthaus

Weder Krieg, Erdbeben noch Feuer haben der 1247 erstmals urkundlich erwähnten Burg Hornstein etwas anhaben können. Das erledigten die Erben des um 1700 zum Barockschloss umgebauten, früheren Rittersitzes schon von allein: 1873 verkauften die Freiherren die meisten Gebäude zum Abbruch. Warum das? Hundert Jahre zuvor hatte die überschuldete Familie die Burganlage an die Hohenzollern verkauft, die dort von 1818 bis 1868 eine Zucht- und Besserungsanstalt einrichteten. Nach dem Übergang von Zollern an Preußen wurde diese geschlossen. Die Freiherren kauften ihr Stammschloss zurück. Doch die Gebäude waren für sie nun mit einem moralischen Makel behaftet, weswegen sie den Abbruch anordneten. Allerdings blieb die Schlosskapelle unangetastet und ist heute mit ihrem original Wessobrunner Stuck ein barockes Kleinod. Mittlerweile ist die Ruine auf dem Felssporn über dem Laucherttal umfassend restauriert und eine sehr beliebte Kulisse für kulturelle und erlebnispädagogische Angebote.

Die Anlage ist frei zugänglich. Im Sommer gibt es sonntags ab 14 Uhr Kaffee und Kuchen. Der sehr engagierte Förderverein Ruine Hornstein bietet übers Jahr ein buntes Programm für den Ritternachwuchs, aber auch für in mittelalterlicher Romantik schwelgende Erwachsene. Über Ostern und vor allem im Juni erwacht im Innenhof das ritterliche Lagerleben mit vielen Gruppen und Aktionen. Im Juli findet das traditionelle Burgfest statt, der August bietet jede Menge spannende Themen-Exkursionen. Dazu gibt es Flohmärkte, Pflanzentauschbörsen, den Weihnachtsmarkt und vieles mehr.

www.ruine-hornstein.de,
www.bingen-hohenzollern.de

Tipp

Vom freiherrschaftlichen Hornstein ist es dann nur noch ein Sprung nach Sigmaringen mit dem schon von Weitem sichtbaren Stammsitz der Hohenzollern über der Donau. Beim kurzweiligen Bummel durch die schmucke Altstadt begegnet den Besuchern auf Schritt und Tritt „sichtbare" Geschichte. Die Besichtigung des prächtigen Residenzschlosses bitte unbedingt einplanen: Originell-unterhaltsame Themenführungen geben Einblick in die prunkvollen Räume und das höfische Leben. Die idyllischen Donau-Uferanlagen bieten zahlreiche „Ruhe-Oasen" zum Seele baumeln lassen.

www.sigmaringen.de

LAGE

Burg Hornstein liegt bei Bingen, etwa 4 km nordöstlich von Sigmaringen.

ERREICHBARKEIT

Von Bingen ist die Anfahrt über die K 8200 nach Hornstein ausgeschildert. Nach rund 700 m liegt rechts ein Wanderparkplatz unterhalb der Burg. Ein 50 m langer Aufstieg führt in etwa 10 Minuten hinauf.

RUINEN IN MITTLEREN LAUTERTAL
Ein Tal - sieben Höhepunkte

Das ganze Tal ist ein einziges Highlight! Im burgenreichsten Abschnitt der Lauter ist es unmöglich, die schönste Ruine zu küren. Jede der mittelalterlichen Burgstellen fasziniert auf ihre eigene Art – mit ihrer Geschichte, Lage und Aussicht. Um seine persönliche Lieblingsburg finden zu können, heißt es also: Auf geht's! Es warten talabwärts sieben unvergessliche Höhenpunkte:
Von der Burg Buttenhausen ist zwar nur noch die Umfassungsmauer übrig, aber dafür die famose Aussicht 60 m ins Tal hinab. Innerhalb der 1740 zerfallenen Ruine ließ die Gemeinde sinnigerweise ihren Friedhof anlegen. Der skurrilste Bergfried aller Lautertalburgen, weil klein und nicht winkeltreu, krönt den markanten Hohenhundersingen. Gebaut hat die hervorragend erhaltene Buckelquader-Anlage die örtliche Hochadelsfamilie im 13. Jahrhundert. Am Ortsanfang führt ein Sträßchen 80 m auf die Höhe (100 m Fussweg) oder man steigt vom Friedhof oberhalb der Dorfkirche auf. Ein Paradebeispiel für eine spätmittelalterliche Schildmauerburg bieten die starken und hohen Mauern der 1545 zerfallenen Ruine Bichishausen (vom Parkplatz am „Rößle" in wenigen Minuten erstiegen). Im geografischen Mittelpunkt des Tales zieht die Lauter eine Schlinge um den kegelförmigen Berg, der von der Burg Niedergundelfingen gekrönt wird. Vom Freiadelsgeschlecht um 1100 erbaut, ist sie heute noch in Privatbesitz und nur von außen zu besichtigen. Ein Kleinod ist die benachbarte barocke Michaelskapelle. Hoch thront gegenüber die jüngere Schwesterburg Hohengundelfingen – die imposanteste und umfangreichste aller Lautertalburgen. Sie glänzt mit dem schönstmöglichen Rundumblick ins 130 m tiefe Tal, vom Wanderparkplatz an der Steige nach Dürrenstetten in 10 Minuten bequem zu erreichen. An der Abzweigung nach Münzdorf geht's rechts zum Parkplatz der Burg

Derneck. Die um 1350 erbaute, 1967 renovierte Anlage ist eine regelrechte Ruheoase. Etwa 300 m nördlich von Weiler, an der Straße nach Münzdorf, steht ein Kalvarienberg mit weithin sichtbarem Kreuz. Die unbekannte Burganlage auf dem Gipfel ist über einen Pfad zu erklimmen.

Infotafeln zur jeweiligen Burggeschichte vor Ort.

www.hayingen.de;
www.muensingen.de

Tipp

Die Burgschenke mit Kiosk im Schwäbischen-Albverein-Wanderheim Burg Derneck hat von April bis Anfang November täglich geöffnet und hat leckeren Kuchen und schwäbisches Vesper im Angebot. Telefon: 0 73 86/217. Ein schöner Grill- und Spielplatz liegt nur 5 Minuten von der Burg entfernt.

LAGE

Sieben Burgruinen liegen an den Talhängen und auf Anhöhen im 10 km langen, mittleren Abschnitt des Lautertals zwischen Buttenhausen und Indelhausen.

ERREICHBARKEIT

Alle Burgruinen sind von der K 6769 aus zu sehen und damit gut zu lokalisieren. Von den jeweiligen Orten/Wanderparkplätzen führen ausgeschilderte Wege auf die Höhen. Konditionsschwächere können die Plätze auch steigungsfrei von der Hochfläche her angehen – ausgenommen die Burgstellen Bichishausen, Niedergundelfingen und Weiler, die auf Anhöhen in der Talmitte liegen.

RUINE RUSENSCHLOSS
Stattlichste Burgruine der Blaubeurener Alb

Der Talkessel von Blaubeuren wurde im Mittelalter von drei Burgen beherrscht. Das Rusenschloss war die imposanteste von allen - und ihre Ruinen sind es heute noch. Bereits um 1080 stand auf dem Höhensporn eine Burg. Aber erst im 13. Jahrhundert entstand ein Bauwerk, das heutigen Besuchern noch Respekt abringt: Inmitten von bizarren Felstürmen, zwischen Gesteinsspalten und Zwischenebenen passten die meisterlichen Bauleiter die Burg

passend zu den landschaftlichen Gegebenheiten kühn in den Berg. Man betritt die beachtliche, rund 250 m lang gezogene Wehranlage an der schmälsten Stelle des Bergausläufers durch ein Tor, hinter dem sich ein großes, längliches Plateau ausbreitet – die mit Mauern gegen den Abgrund begrenzte Vorburg, wo einst die Wirtschaftsgebäude standen. Von hier führt der Weg weiter, vorbei an den Ruinen eines ehemaligen Torturmes, hinauf zur Kernburg. Diese ist sehr komplex, und es gibt jede Menge zu entdecken! Beeindruckend sind die massive Zwingermauer, der tonnenüberwölbte Keller eines größeren Gebäudes sowie der Wohnturm der Burg, welcher Wehr-, Wohn- und Repräsentationsfunktionen miteinander vereinte. Mit einer Höhe von 15 m machte er schon aus der Ferne „was her". Heute hat man von der Burg und dem nördlich benachbarten Schaufelsen die komplette Stadtfläche von Blaubeuren und die Talschlinge im Blick.

Die wuchtigen Buckelquader der Anlage sind Überbleibsel aus der Blütezeit des deutschen Rittertums unter Kaiser Barbarossa,

Anfang des 13. Jahrhunderts. Die Burgherren, die alte Grafenfamilie der Dillinger, waren den Staufern treu ergeben. Nach dem Aussterben der Dynastie fiel die Burg an das schwäbische Grafengeschlecht derer von Helfenstein (bei Geislingen/Steige), dann an Österreich und schließlich an Württemberg.

Die Anlage ist frei zugänglich. www.blaubeuren.de

Tipp

Ein Fußpfad führt von der Burg durch den unteren Torbogen zu der 30 m unterhalb im Fels liegenden, riesigen steinzeitlich bewohnten Rusenschlosshöhle. Das gewaltige, vom Tal aus einsehbare Portal misst rund 15 x 15 m.

LAGE

Zwischen Blaubeuren und dem Stadtteil Gernhausen am östlichen Talrand liegt Ruine Rusenschloss rund 100 m oberhalb der Blau.

ERREICHBARKEIT

Im Norden von Blaubeuren zweigt in der Steige der B 28 die K 7406 nach Sonderbuch ab. Kurz nach Erreichen der Anhöhe liegt rechts ein Wanderparkplatz. Auf Waldwegen erreicht man nach 1,2 km die ausgeschilderte Burganlage. Vom Bahnhof Blaubeuren gelangt man nach 1,4 km über ausgeschilderte Pfade auf den Burgfelsen.

RUINE SCHALKSBURG

Trutzige Wächterin vom Schmeietal

Die einzige Burg in der Mittleren Alb, durch deren Burggraben eine Gemeindeverbindungsstraße führt, ist die Ruine Schalksburg, 1,3 km nördlich der Kirche von Straßberg. Das allein schon ist ein Besuch der trutzigen Spornburg in 760 m Höhe und rund 70 m über dem Talgrund wert. Hinzu kommt die schwindelerregende, aber einzigartige Aussicht auf das gegenüberliegende Bergschloss Straßberg (nicht zugänglich, weil in Privatbesitz). Bis vor rund fünfhundert Jahren lag unterhalb der Ruine Schalksburg das Dorf Oitringen. Es ist spurlos verschwunden, und die Ausläufer von Straßberg haben sich bis an den ehemaligen Dorfkern herangefressen. Die im ausgehenden

11. Jahrhundert entstandene Burg erscheint erstmals 1333 in Urkunden, da allerdings schon als nicht mehr bewohnt. Ob das Dorf der Burgweiler war, oder, was wahrscheinlicher ist, die Burg vom Ortsadel errichtet wurde, lässt sich mangels Quellen nicht sagen. Hier liegt ein halbes Jahrtausend Geschichte im absoluten Dunkel. Immerhin lässt sich die Anlage, die am alten Albaufstieg eine wichtige Wächterfunktion hatte, anhand der steinernen Fundamente rekonstruieren: Ein 20 m langer Halsgraben, durch den das Sträßchen führt, begrenzte das Burgareal zur Bergseite hin. Die erkennbaren stufigen Felsabschnitte und geebneten Hangterrassen im Süden und Norden des Felssporns sind Merkmale für einen Gebäudestandort. Hinter dem Graben, inmitten des Burghofes, findet sich die Untergeschoss-Ruine eines Bergfrieds und 30 m westlich, von einem zweiten Graben getrennt, sind an der Spornsitze die Fundamente eines zweiten Turmes mit aus dem Fels gehauenen Steinstufen zu erkennen – möglicherweise ein Turmhaus mit Fachwerkaufsatz.

Die Anlage ist frei zugänglich. www.burgenarchiv.de

Tipp

In Winterlingen (beim Freibad) beginnt ein 5 km langer, maßstabsgetreuer Planetenweg. Dieser faszinierende Weg hat das Ziel, eine vergleichbare Darstellung über die Dimension des Raumes zu geben. Ein Meter Laufstrecke entspricht 1 Million Kilometer im Weltraum. Der Weg passiert alle acht Planeten-Modelle mit hochinteressanten Infotafeln. Auf dem Rückweg – ein Meter entspricht 10 Millionen Jahren – wird aus dem Raum- ein Zeitpfad, der den Urknall verdeutlicht. Der behindertengerechte Weg führt entlang der alten Römerstraße auf 800 Höhenmeter und bietet bei klarem Wetter einen herrlichen Rundumblick über den Heuberg. www.winterlingen.de

LAGE

Nördlich von Straßberg steil oberhalb der B 463

ERREICHBARKEIT

Die Ruine Schalksburg liegt unmittelbar am Verbindungssträßchen zwischen Winterlingen und Ebingen/Bitz, das parallel zur im Tal liegenden B 463 auf der Albhochfläche verläuft: Von der Abfahrt Winterlingen-West (Vogelherd) auf der B 463 Richtung Ebingen. Nach 1 km, im Bereich des dreispurigen Abschnitts in der Straßberger Steige, biegt rechts ein aufwärts führendes Sträßchen ab. Nach 500 m, in einer Rechtskehre, liegt die Ruine. Parkmöglichkeiten oberhalb suchen.

RUINEN WARTSTEIN, MONSBERG UND ST. RUPRECHT

Rätselhaftes Burgen-Trio im abgelegenen Lautertal

Sie war eine der kühnsten Felsenburgen der Mittleren Alb: Die Wartstein aus dem 12. Jahrhundert, abgeleitet vom Namen Warte, einer Aussichtsstelle, von der aus man auf ungebetenen Besuch „wartete". Die Burg wurde 1495 ein Raub der Flammen, zusammen mit der Nachbarburg Monsberg und dem Dorf Erbstetten. Heute kommt man von der rekonstruierten Schildmauerturm-Aussichtsplattform in den Genuss eines absolut fantastischen Blickes über das Große Lautertal bis hin zum oberschwäbischen Bussen.

Beim Besuch der imposantesten aller Lautertal-Festungen wird meist der kleine Pfad südlich des 12 m hohen Turmes hinab zur großen Vorburg im verdeckten Steilhang übersehen. Von dort geht es am Trauf entlang zur Ruine Monsberg – der Burg der Familie der Munt, die den Wartberg-Grafen als Ministeriale dienten. Über die 100 m lange, zugewachsene Ruinenfestung weiß man geschichtlich kaum etwas. Trotz prominenter Lage über einer Flussschleife wird sie kaum aufgesucht. Noch rätselhafter verhält es sich mit St. Ruprecht, von der 50 x 80 m großen Anlage haben sich außer Graben, Mulden und wenigen Mauerresten keine urkundlichen Hinweise erhalten. Sie dürfte aber die erste Burg der Wartsteiner gewesen sein.

Alle drei Anlagen sind frei zugänglich. www.ehingen.de

Tipp

Auf dem südlich aus Erbstetten führenden Fahrweg („Mariental") kommt man an der Schule vorbei und befindet sich nach 200 m am Eingang zur Marienschlucht. Hier führt am Straßenrand ein Pfad abwärts zur kleinen Mariengrotte.
www.lokale-agenda-ehingen.de

LAGE

Im autofreien Abschnitt des Großen Lautertals liegen südlich von Ehingen-Erbstetten in enger Nachbarschaft die drei Burgruinen Wartstein, Monsberg und St. Ruprecht.

ERREICHBARKEIT

Alle drei Ruinen liegen am östlichen Steilhang der Großen Lauter. Von Unterwilzingen Richtung Erbstetten: Nach 1 km zweigt links am Fuße eines bewaldeten Hanges ein landwirtschaftlicher Weg ab, der parallel zur Lauter verläuft. Diesem etwa 700 m bis zur Mündung des Marientals folgen und danach im Wald hoch zur Burgstelle St. Ruprecht (603 m) laufen. Am Trauf entlang führt ein Pfad 700 m flussaufwärts zur Ruine Monsberg, die auf einem von drei Seiten von der Lauter umflossenen Bergsporn auf 591 m Höhe liegt. Weiter dem Traufweg folgend gelangt man nach 800 m und steilem Anstieg zum Aussichtsturm der Burg Wartstein. Vom 20 m flussaufwärts benachbarten Gemsfelsen (Aussicht mit Geländer) führt ein Pfad wieder ins Tal hinab. Alternativ gelangt man über Erbstetten (an der Kirche links über Straße „Zum Wartstein") zum ausgeschilderten Wanderparkplatz, 600 m von der Burg entfernt.

RUINEN WIELANDSTEIN
Fünf Burgen auf einem Fels

Unter den vielen Adelssitzen am Albtrauf ist der Wielandstein einer der außergewöhnlichsten: Gleich fünf Burgruinen sind auf dem kammartigen, bis zu 20 m breiten Sporn errichtet worden. Ende des 11. Jahrhunderts entsteht auf der höchsten Stelle des Felsgrats der „Hintere Wielandstein (1)" sowie der eigenständige, etwas tiefer liegende „Zwischenwielandstein (2)". Außerdem wird fast an der Spornspitze der „Alt-Wielandstein (4)" errichtet. Um 1250 kommt der „Vordere Wielandstein (5)" an der äußersten Spitze hinzu und der „Mittlere Wielandstein (3) wird mittig eingeschoben. Zur gleichen Zeit werden die alten Burgen 2 und 4 aufgegeben. Die einzelnen Burgreste, Gräben, Mauerfundamente und Zugänge zu erforschen, ist ein abenteuerliches Unterfangen. Die Höhenburgen wurden im Bauernkrieg 1525 verwüstet und später abgetragen. Ohne ein bisschen Kletterei geht es nicht – der Wanderweg führt nämlich teilweise im Hang unterhalb der Ruinen entlang zur Spornspitze. Ein Blickfang ist der wuchtige Schildmauerrest von Burg 5 und natürlich die 1979 teilrestaurierte Anlage am Beginn. Sie befindet sich auf einem Felsrücken und wird über eine Treppe mit Geländer gegen die jäh abfallende Schlucht erreicht. Über eine Holzbrücke gelangt man in den Burghof. Der Hauptfelsen ist ein richtiger Berg mit Gipfelkreuz, an dem sich Kletter-Profis in unterschiedlichen Schwierigkeitsgraden probieren.

Der Name Wieland könnte von einem oberschwäbischen Adelsgeschlecht stammen, das sich im Raum Lenningen in Folge des Investiturstreites auf der Seite der Reformer breit gemacht hatte. Die kirchliche Reformbewegung bekämpfte das Grundübel der damaligen Zeit: Die Möglichkeit des Kaufs von kirchlichen Ämtern und Pfründen. Dieser politische Konflikt führte auch auf der Alb zu bürgerkriegsähnlichen Zuständen.

Die Anlagen sind frei zugänglich.
www.lenningen.de

Tipp

In Lenningen gibt es einiges zu sehen: Herausragend ist dabei das Museum für Papier- und Buchkunst im Schlössle. Ausgestellt sind die Werke von Künstlern, die sich mit der Materie Buch und Papier auseinandersetzen und dabei einzigartige Buchobjekte gestalten. Das kleine, aber sehr besondere Museum möchte zu einer neuen Sicht auf das eigentlich völlig alltägliche Material Papier beitragen. Für Kinder gibt es eine nette Bastelecke.
Sa 10-12 Uhr und So 14-17 Uhr geöffnet.

LAGE

Die Ruinen der Wielandsteiner Burgen liegen östlich von Unterlenningen auf einem Felssporn.

ERREICHBARKEIT

Die fünf ineinander gebauten Burganlagen erstrecken sich auf einer Länge von 350 m über einen aufsteigenden Felssporn in einer Höhe von 660-700 m. Von Unterlenningen führt vom Sportplatz /Ortsmitte, Abfahrt von der B 465, der 1,2 km lange, schattige Wielandstein-Wanderweg zur Höhe. Bequemer geht's ebenerdig über die autofreie Hochfläche vom Weiler Krebsstein (2 km) oder vom Weiler Diepoldsburg (2,5 km) zur Burg über dem Tobeltal.

RUINE WILDENTIERBERG

Seit 600 Jahren im Dornröschenschlaf

Die abgelegene Burgstelle in einem dichten Waldstück, rund 270 m hoch über den Eyachtal, zählt zu den kaum von Besuchern frequentierten ehemaligen Rittersitzen auf der Zollernalb. Das mag an den fehlenden Steinruinen liegen, an der durch den Wald versperrten Aussicht ins tiefe Tal oder an dem mitunter schneidigen Wind, der auf 954 m Höhe über die Wipfel pfeift. Viele Gründe sprechen aber absolut für einen Besuch dieser vor 1300 entstandenen Anlage – einer der höchstgelegenen Burgen der Alb, die seit rund 600 Jahren im Dornröschenschlaf liegt: Die fehlende Aussicht gibt's vom Wachtfelsen, der auf dem Weg zur Burg liegt. Und auf dem Rückweg kehrt man dort ein, wo seit dem 13. Jahrhundert der Wirtschaftshof der Burg steht – im Gasthof Ochsenhaus. Und gänzlich

ohne Mauern ist die Burg nämlich gar nicht: Wer die dicken Wurzeln der Bäume genauer anschaut, wird darunter beachtliche Quadersteine entdecken. Auf dem höchsten Punkt des Bergsporns bilden sie die Überreste eines vormals wuchtigen 8 x 9 m breiten Turmes. Man nähert sich der rund 120 m langen Anlage über die ebene, verwachsene Vorburgfläche bis zu einem tiefen Graben. Ein Zwinger umzieht die Längsseiten auf Grabenhöhe. Die eigentliche Kernburg gliederte sich einst in den Vorplatz vor dem wuchtigen Bergfried, den dahinter liegenden Zwischenhof und dem Palas am Ende des Platzes. Das weitverzweigte Adelsgeschlecht nannte sich, nachdem es um 1150 von Lautlingen auf die Höhe zog, „von Tierberg", nach der südlich ihres Heimatortes aufragenden Berghöhe. Dort stand ihre Stammburg Altentierberg, während auf dem Ochsenberg ein anderer Zweig die Burg Wildentierberg errichtete. Mit ein bisschen Fantasie kann man sich vorstellen, warum die Nachkommen ihren zugigen Wohnort so nannten und ihn nach zwei Generationen wieder aufgaben.

Das Ochsenhaus bietet gutbürgerliche Küche und Hausmannskost für Wanderer. Mi bis So ganzjährig geöffnet von 11.30 bis 21 Uhr. www.ochsenhaus.de

Tipp

Das einzige Freizeitbad auf der Mittleren Alb liegt quasi zu Füßen der Burg. Im Badkap – ganzjährig geöffnet – warten zahlreiche Attraktionen auf die ganze Familie: Relaxbecken, Kinderbecken, Wellenbrandungsbad, ein tosender Wildwasserfluss, spaßige Rutschen und eine Saunalandschaft. Wer nicht baden will, kann sich vom Restaurant aus das Treiben auf der Seenplatte anschauen. www.badkap.de

LAGE

Östlich von Albstadt-Margrethausen auf dem Ochsenberg

ERREICHBARKEIT

Von der B 463 zwischen Albstadt-Lautlingen und Ebingen zum Badkap abbiegen. Auf der K 7153 am Freizeitzentrum vorbei Richtung Margrethausen. Nach rund 500 m zweigt rechts bergaufwärts eine 1,5 km lange Fahrstraße 150 m zum Wanderparkplatz Ochsenberg mit Gaststätte ab. Am Beginn der Hochfläche führt ein steiler Pfad am Trauf hinauf zum Aussichtspunkt Wachtfels (950 m) mit herrlichem Blick auf die Lautlinger Tallandschaft. Weiter auf dem schönen Trauf-Pfad nach Norden gelangt man nach 600 m zur Spornspitze der Burgstelle Wildentierberg. Der Rückweg führt über die ebene Hochfläche zum Ochsenhaus mit Waldspielplatz und Biergarten.

ACHTAL-HÖHLEN

Venus und Eiszeitflöte Spektakulär und einzigartig

Ihr Fund war eine Sensation: Tübinger Wissenschaftler entdeckten 2008 bei Grabungen im Höhleneingang des Hohle Fels eine geschnitzte Miniatur-Frauenfigur aus Mammut-Elfenbein. Mit einem geschätzten Alter von 35.000 bis 40.000 Jahren gilt die „Venus" als die älteste Menschendarstellung und als eines der ältesten Beispiele für figürliche Kunst weltweit.

Damit nicht genug der Superlative: Im Grabungsabraum fand sich neben anderen nur wenige Zentimeter großen figürlichen Eiszeitkunst-Darstellungen auch ein bemalter Kalkstein - er war von der Wand abgeplatzt und wurde mit der Zeit von Erde überdeckt. Das 13.000 Jahre alte handtellergroße Stück ist der erste Nachweis von altsteinzeitlicher Höhlenmalerei in Mitteleuropa.

Wer weiter durch den Eingangstunnel läuft, den erwartet ein unvergessliches Erlebnis: Die mit 25 m Höhe größte, begehbare Höhlenhalle der Alb. Das „obere Stockwerk" wird über einen abenteuerlichen Zickzack-Pfad erstiegen.

Einzigartig auch die Funde im mit 10 m Länge kleinen, aber feinen Geißenklösterle. Nach einem steilen Aufstieg erreicht man das kesselartige Felsmassiv an einem Felstor, in dem die bislang ältesten gefundenen Musikinstrumente der Welt entdeckt worden waren – drei Flöten, geschnitzt aus massivem Elfenbein und Schwanenknochen.

Am Fuß des Sirgensteinfelsen führt ein schlauchartiger Gang in eine 40 m tiefe und durch ihre Form eigenwillige Höhle. Die ehemalige Flusshöhle ist einer der wenigen Orte, die über eine so lange Dauer von 60.000 Jahren immer wieder von Menschen aufgesucht worden war.

Im Hohle Fels gibt es laufend Ausgrabungen. Das Portal ist von Mai bis Oktober sonntags von 14-17 Uhr geöffnet. Grillplatz am

Parkplatz.Das Geißenklösterle ist durch ein Schutzgitter geschützt. Die Fundstelle ist aber dennoch gut einsehbar. Die Sirgensteinhöhle ist frei zugänglich.
www.blaubeuren.de

Tipp

Der Fußweg zur Höhle im Sirgenstein führt in die Höhe steil weiter zu einer rätselhaften Burgstelle des 12. Jahrhunderts. Fundamente thronen noch heute über dem Felsen, in den ein tiefer Schacht führt.

LAGE

Das Achtal mit den drei Höhlen Hohle Fels, Geißenklösterle und Sirgenstein liegt zwischen Schelklingen und Blaubeuren.

ERREICHBARKEIT

Die B 492 verläuft parallel zur Ach. Der Hohle Fels liegt 1,5 km östlich von Schelklingen auf der rechten Seite des Achtals am Fuß des Hangs. Die Abfahrt von der B 492 führt am Freibad vorbei. Von hier 1 km flussabwärts liegt oberhalb einer Parkbucht auf der linken Talseite die Sirgensteinhöhle. Ein kurzer Pfad führt zum Eingang. Das Geißenklösterle befindet sich am südlichen Ortsbeginn von Blaubeuren-Weiler, auf der rechten Seite des Tals. Ein Serpentinenpfad führt in die Felsgruppe hinauf.

HÖHLENPARK BITTELSCHIESSER TAL
Abenteuer im Lauchert-Canyon

Vor 200.000 Jahren war es hier bitter kalt: Ein alpiner Gletscher bedeckte das Land und schob sich in seiner nördlichsten Ausdehnung zwischen Jungnau und Bingen über das Flussbett der Lauchert. Durch den Rückstau bildete sich ein großer See, der das Laucherttal bis fast nach Hörschwag ausfüllte. Es gelang dem Flüsschen jedoch, den Gletscherschutt zu durchbrechen und sich einen Weg in die Donau zu bahnen: Das heutige Bittelschießer Täle – ein 400 m langer, bis zu 60 m breiter und 50 m hoher Canyon. Von den gewaltigen Wassermassen wurden die Klüfte höhlenartig ausgeweitet. Entlang des rund 3 km langen felsigen Abschnitts des Unteren Laucherttals zwischen Bingen und dem Bahnhof Hanfertal gibt es rund 40 Höhlen. Die beeindruckendste ist die 7 m hohe und 30 m tiefe Bittelschießer Höhle, die 5 m tiefe Halbhöhle und die 4 m tiefe Kapellenhöhle. Ein Erlebnispfad auf schmalen Holzstegen führt durch diese faszinierende Landschaft. Rund 250 m flussaufwärts des Schluchteingangs schneidet das Verbindungssträßchen von Hornstein zur L 277 (Bingen-Sigmaringen) das breite, von Wiesen gesäumte Laucherttal. In der Talmitte liegt am Beginn einer bizarren Felsgalerie ein Parkplatz – ein guter Ausgangspunkt, um das 300 m lange Geotop mit seinen zahlreichen Höhlen zu erkunden. Gegenüber der Bittelschießer Höhle liegt die Wurzelhöhle. Rund 40 m talabwärts, im vollständig bewaldeten Canyon, liegt in einer Höhe von 10 m die Winkelhöhle, etwa 15 m darüber verläuft der senkrechte Gang der Kaminhöhle mit einem kleinen Fenster am Ende. Nach weiteren 40 m liegt die Zweiweghöhle in 20 m Höhe, 10 m rechts davon sieht man die Öffnung der 6 m langen Schlufhöhle.150 m talabwärts nach der Bittelschießer Höhle quert eine Brücke die Lauchert (direkt bei der Steghöhle). Auf der anderen Uferseite befindet sich 100 m talabwärts in 20 m Höhe die 15 m breite Bittelschießer Höhlenruine. Auf

die 73 m lange, in 30 m Höhe liegende Spiralhöhle stößt man nach weiteren 100 m. Sie darf aber zum Schutz von Flora und Fauna nicht betreten werden!

www.bingen-hohenzollern.de

Tipp

Von der Bittelschießer Höhle kann man zur gleichnamigen Ruine mit ihrer St. Ulrichs-Wallfahrtskapelle aus dem 17. Jh. aufsteigen. Ihren Namen hat die 1480 zerstörte Burg von der Herkunft der Ritterfamilie – sie stammt vom Ort Bittelschieß, nahe des 12 km entfernten Krauchenwies.

LAGE

Das Bittelschießer Tal liegt zwischen Bingen und Sigmaringen.

ERREICHBARKEIT

Das canyonartige Durchbruchstal im Unterlauf der Lauchert erreicht man über die K 8200, die von Bingen zum Ortsteil Hornstein (mit gleichnamiger Burganlage) führt. Wenige hundert Meter nach Bingen liegt rechter Hand ein Wanderparkplatz. Von hier führt ein steiler Weg hoch zur Ruine Hornstein. Schräg gegenüber zweigt ein 250 m langer Fußweg über Wiesen und Bahngleise ins Tal der Lauchert ab. Beidseitig der engen Schlucht und des weiteren breiten Talverlaufs Richtung Westen liegen zahlreiche Höhlen.

GUTENBERGER HÖHLEN
Alpenwolf und schwäbischer Affe

Heute begegnet man den Berberaffen nur noch auf Gibraltar. Dass sie vor Abertausenden von Jahren auch auf der Alb beheimatet waren, beweist 1890 der einzigartige Fund des Kiefers eines Inuus Suevicus (Schwäbischer Affe) unter dem 17 m langen Vorplatz der Eingangshalle der Gutenberger Höhle. Genauso sensationell und einmalig in Deutschland war der Grabungsfund von Knochenteilen, die von einem Rothund (Alpenwolf) stammen. Diese einzigartigen Funde sind im Heimatmuseum Kirchheim/Teck ausgestellt. Die Gutenberger Tropfsteinhöhle – seit 1967 elektrisch beleuchtet – hat sechs Hallen, die sich auf eine Länge von

rund 200 m verteilen. Geformt wurde die Höhle durch das Schopflocher Moor, welches zu der Zeit, als durch die Höhle noch Wasser floss, ein See war. Dieser entwässerte sich durch ständig vergrößernde Spalten Richtung Lenninger Tal.

Die Gußmannshöhle ist eine sehr tropfsteinreiche Spaltenhöhle. Benannt ist sie nach dem Pfarrer, der damals die Grabungen leitete. Sie ist 55 m lang und umfasst vier Hallen, von denen die höchste nahezu 25 m misst. Bereits 1891 (!) wurde die Höhle elektrisch beleuchtet, angetrieben von einer Mühle im Tal – zu einer Zeit, in der es im ganzen Oberamt Kirchheim noch keine einzige Ortsbeleuchtung gab.

Die beiden großen Höhlen sind zum Schutz der überwinternden Fledermäuse in den Monaten zwischen November und April geschlossen. Im Sommerhalbjahr ist samstags von 13-17 Uhr und sonn- und feiertags von 10-17 Uhr geöffnet. Der Eintrittspreis gilt für beide Höhlen. In den Sommerferien werden mittwochnachmittags Führungen angeboten; Gruppenführungen sind auch nach Absprache mit der Ortschaftsverwaltung Gutenberg, Tel. 07026/7822, www.lenningen.de möglich.

Tipp

… und noch mehr wilde Höhlen in unmittelbarer Nähe: Die 33 m lange Krebssteinhöhle 20 m oberhalb (südlich) der Gußmannshöhle. Die 28 m lange Wolfsschluchthöhle findet sich auf gleicher Höhe im nördlichen Winkel der Gußmannshöhle. Die 15 m lange Krebssteinhöhle 2 liegt etwas südlich unterhalb von der Wolfsschluchthöhle. Weitere 120 m südlich ist die Öffnung der 20 m langen Belemitenhöhle zu sehen.

LAGE

Nördlich oberhalb des Lenninger Teilorts Gutenberg am Albtrauf

ERREICHBARKEIT

Auf der B 465 zwischen Lenningen und Römerstein biegt in der Steige bei Gutenberg die Straße nach Schopfloch ab. Am Ortsende links auf die K 1246 Richtung dem Weiler Krebsstein. Nach 1 km biegt in einem Wäldchen eine Wanderparkplatz-Zufahrt ab. Von dort auf ausgeschildertem Weg in wenigen Minuten abwärts zu den beiden Höhlen im Hang. Alternativ kann man über einen Pfad beim Sportplatz Gutenberg aufsteigen. Die Gutenberger Höhle liegt rund 200 m östlich von der Gußmannshöhle. Weitere Höhlen finden sich in unmittelbarer Umgebung.

HEIDENSTEINHÖHLE EBINGEN
Die Höhle der Menschenaffen

Er hauste im Wald, lebte überwiegend auf Bäumen und ernährte sich vorwiegend von weicher Pflanzennahrung – der Dryopithecus, der in den letzten Jahren von einigen Anthropologen für einen entfernten Vorfahren des Menschen gehalten wird. Die Heimat des Tieres war unter anderem in Albstadt – oder besser das, was vor etwa 17 Millionen Jahren die Gegend war, wo heute Ebingen liegt. Viel mehr weiß man nicht über diese Gattung des Altweltaffens – umso erstaunlicher, weil der älteste derzeit bekannte Menschenaffe wenigstens die unglaublich lange Zeit von drei Millionen Jahren in der Region verbreitet war. Einzig ein fossiler Zahn blieb von ihm übrig - gefunden Mitte des 19. Jahrhunderts beim Abbau von Bohnerzen in der 33 m langen Heidensteinhöhle. Mit einer Gangbreite von rund 10 m ist sie eine der größten Karsthohlformen der Mittleren Alb und neben Melchingen und Trochtelfingen eine von nur fünf Fundstellen des Dryopithecus in ganz Deutschland. Dagegen verblassen die anderen Funde geradezu: Knochenreste eines zebragroßen Hipparion, eines Hauerelefanten oder und die eines elefantenähnlichen Mastodon – aus der Zeit, als die Gegend noch reine Steppenlandschaft war. Spektakulär auch der Fund eines vollständig bezahnten Riesenhirschschädels, der unter einem Felsbrocken mindestens 11.500 Jahre unter der Erde lag - vermutlich die Beute eines ebenfalls in der Höhle heimischen Bären, denn im Fundgut fanden sich auch Knochenfragmente von Steppenbison, Wildpferd, Mammut und Ur.

www.zollernalb.com

Tipp

Teile von Funden aus der Heidensteinhöhle sowie aus der gesamten vor- und frühgeschichtlichen Epoche der Ebinger Alb gibt es im Museum im Kräuterkasten (Altstadt Ebingen, Im Hof 19) zu bestaunen. Auf drei Etagen wartet auf die Besucher ein kurzweiliger Rundgang. Das Staatliche Museum für Naturkunde in Stuttgart unterhält hier eine Außenstelle und präsentiert Geologie und einheimische Tierwelt mit eindrucksvollen Fossilien. Öffnungszeiten: Mi, Sa, So und Feiertage von 14-17 Uhr. www.albstadt.de/museen

LAGE

Die Heidensteinhöhle liegt 1,4 km nordwestlich der Martinskirche von Albstadt-Ebingen am Albtrauf.

ERREICHBARKEIT

Die Höhle erreicht man über ein gut ausgeschildertes Wanderwegnetz, das am Talrand oberhalb von Ebingen an der Höhle vorbeiführt. Ausgangspunkt ist der Wanderpark- und Grillplatz „Kälberwiese", der auf der Anhöhe nordwestlich der Altstadt liegt. Die Anfahrt ist etwas umständlich und führt durch das Wohngebiet am Hang: Von Lautlingen kommend beim Badkap auf die K 7152 nach Ebingen hinein. An einer größeren Kreuzung links steil die Raidenstraße aufwärts; nach einer langgezogenen Linkskurve rechts weiter bergauf in die Kreuzbühlstraße, die in Serpentinen hoch zur Kälberwiese führt. Vom Parkplatz folgt man den Wegweisern (Traufgang Ochsenbergtour) ostwärts etwa 1 km parallel am Hang entlang zum Aussichtspunkt „Schnecklesfels", danach weiter zur Höhle.

KÜHSTELLEN-HÖHLEN WINTERLINGEN

Im Tal der Kelten

Als die Höhlen von den Landwirten ihre Namen bekamen, weil sie den Hohlraum als felsigen Stall für ihr Vieh nutzen, hatte niemand einen Gedanken daran verschwendet, welche Hinterlassenschaften vergangener Kulturen unter dem lehmigen Boden liegen könnten. Erst als Gustav Blickle zum Schultheiß von Winterlingen gewählt wurde, erwachte das Interesse an heimatgeschichtlicher Forschung. Beim Bau der Landstraße nach Bitz im Jahr 1892 wurde Blickle auf ein aufgedecktes Teilstück einer gepflasterten Römerstraße aufmerksam. Jetzt war auch sein Interesse für die unweit dieser Fundstelle gelegene Große Kühstellen-Höhle geweckt. Mit vier Tagelöhnern grub er in der insgesamt 37 m langen Höhle auf eine Tiefe von 2 m und barg allerlei Knochenreste der eiszeitlichen Fauna: Überreste eines Mammuts, Fellnashorns, Höhlenbärs und Wildpferdes. Tonscherben belegen, dass hier in einem Zeitraum von über tausend Jahren keltische Menschengruppen lebten. Auch in den zwei Nachbarhöhlen – der Enge und der Kleinen Kühstelle – war so einigermaßen Platz zum Leben, vielleicht wurden sie aber auch nur als Kultort benutzt. Rund 100 m südöstlich liegt eine 30 m breite und 1,5 m tiefe Doline. Die ehemalige Hülbe (Wasserstelle) ist auf einen kleinen Tümpel zusammengeschrumpft.

Nachdem das staatliche Budget in Höhe von 50 Mark für die Grabung 1892 aufgebraucht war, wurde die Aktion eingestellt. Die Hoffnung Blickles auf eine mögliche Touristenattraktion in Winterlingen zerschlug sich. Bis heute übrigens – auf der Homepage der Gemeinde sucht man vergeblich nach einem Hinweis auf die bedeutenden Geotope.

www.geopark-alb.de

Tipp

Eines der größten keltischen Grabhügelfelder der Zollernalb hat sich 1 km westlich der Hofanlage Hermannslust am Übergang von der Wiese in den Wald „Dürrenbühl" erhalten. Der Friedhof umfasst 15 bis 30 m breite Hügel. In einem war das Wagengrab eines wohl mächtigen Mannes, der zusammen mit seinem vierrädrigen Gefährt unter die Erde gekommen war.

LAGE

Die drei Kühstellen-Höhlen liegen 4 km nordwestlich von Winterlingen am felsigen Westrand eines Trockentales.

ERREICHBARKEIT

Die Höhlen befinden sich in einem Waldstück, 100 m westlich der L 449 (Bitz-Winterlingen). Von Bitz kommend, führt die Straße durch den Wald; nach 1,5 km biegt links eine Abfahrt zum Hof Hermannslust ab. Von hier ist es auf der L 449 noch einmal rund 1 km, bis am linken Waldrand eine Parkbucht erreicht wird. Gegenüber beginnt neben der Fahrbahn ein schmaler Wiesenstreifen. Ein Waldweg führt an einer Holzhütte vorbei zum Grillplatz Schelmenburg auf die Kuppe - ganz in der Nähe liegen die Höhlen.

HÖHLENPARK LAUTERTAL

Wo sich Biber und Uhu gute Nacht sagen

Wer das herrlich burgenromantische, aber leider auch verkehrsreiche Lautertal von Münsingen abwärts hinter sich lässt, und bei Indelhausen wieder hinauf auf die Hayinger Hochfläche fährt, verpasst leider das schönste Teilstück des 43 km langen Donauzuflusses. Ab Anhausen ist das Große Lautertal verkehrsfrei. Das hat sich sogar bis in Biberkreise herumgesprochen, die sich – wie ihre nächtlichen Nachbarn, die Uhus – in der Naturidylle häuslich eingerichtet haben. Auf einem Abschnitt von 1 km findet sich am felsigen Talhangweg eine einmalige Mixtur an außergewöhnlichen Höhlen. Los geht's mit den Ochsenlöchern am linken Hang, rund 250 m nach der Brücke. Dieser 60 m hohe Geotopfels hat zwei runde Einstiege, die nach einigen Metern im Berg enden. Gerade mal 150 m weiter öffnet sich eine kleine, kaum beachtete Schlucht. Kein Pfad führt dort hinein. Wer aber die leicht ansteigende, rund 20 m hohe, mit Geröll gespickte Halde erklimmt, stößt auf die versteckte, wildromantische Kreuzberghöhle. Beim Gang durch die gewölbten Kammern hat man das Gefühl, durch das Skelett eines Riesendinosauriers zu klettern. Sind die Bäume belaubt, läuft man an der nun talabwärts folgenden Höhle – einem Höhlenskelett – unbeachtet vorbei. Im Hang steht ein riesiges, auf den Kopf gestelltes „U" in der Felswand: Das Franzosenfelstor ist 11 m hoch und 5 m breit und erinnert ein wenig an den Unterbau des Eiffelturms. Das Felstor steht kurz vor der unübersehbaren Öffnung des Schwarzlochfelsen. Diese Höhle am Wegesrand hat ihren Namen von den durch Lagerfeuer verursachten rußgeschwärzten Wänden. Nach wenigen Metern öffnen sich weitere Höhlen und Nischen – Abenteuerspaß pur für junge Höhlensucher. Zum Abschluss gibt es nach 200 m einen schwer beeindruckenden Abstecher in die Steinzeit: Am Hang ragt der 12 m hohe Felsüberhang des Heuscheuerle hervor. Auf der 250 qm großen Fläche lebten Menschen der Jungsteinzeit – sie waren den Funden nach vermutlich Fischer. Links der steinernen Überdachung führt ein Pfad 30 m in die Höhe. Dort öffnet sich eine zweigeschossige, 34 m lange Durchgangshöhle.

www.hayingen.de

Tipp

Die Anlage der imposanten Ruine Schülzburg oberhalb von Anhausen ist in Privatbesitz und wegen Einsturzgefahr nicht zugänglich. Von einer Infotafel am Ortsende aus gibt es jedoch einen Aufstieg bis vor die Mauern der größten Burg des Lautertals. Teile des mittelalterlichen Baus aus dem Jahr 1329 sind wie der hochragende Renaissanceschloss-Anbau von 1605 noch erhalten. Die Anlage wurde 1884 durch ein Feuer zerstört.

LAGE

Südlich von Hayingen-Anhausen zu Beginn des autofreien Lautertals

ERREICHBARKEIT

Das höhlenreichste Teilstück des Großen Lautertals wird über Hayingen-Indelhausen erreicht: Richtung Erbstetten nach Anhausen, rechts in die Ortsmitte abbiegen, vorbei an der Ruine Schülzburg, zum ausgeschilderten Wander- und Grillplatz über die Lauterbrücke. Von dort zu Fuß zurück auf geschottertem Weg an der linken Talseite flussabwärts.

OLGAHÖHLE
Längste Tuffsteinhöhle Deutschlands

Selten, jung, lang und elektrifiziert - mit vier Superlativen kann die wenig bekannte Olgahöhle im kleinen Lichtensteiner Ortsteil Honau aufwarten: Sie ist eine der seltenen Primärhöhlen. Das heißt, sie ist nicht dadurch entstanden, dass sich über viele tausend Jahre das Wasser durch das Kalkgestein einen Weg gespült und Gänge geformt hat. Vielmehr hat sich die Olgahöhle gleichzeitig mit dem sie umgebenden Gestein gebildet. Ganz Honau liegt auf einer bis zu 30 m mächtigen und 18 ha großen Kalktuffbarre, einem Ablagerungsgestein der benachbarten Echaz. Damit ist die Olgahöhle nach geologischen Maßstäben nacheiszeitlich und somit „blutjung". Denn sie ist nicht wie die anderen Höhlen

der Schwäbischen Alb Jahrmillionen, sondern nur 10.000 Jahre alt und kann deshalb in ihrer Altersklasse den Titel „längste Tuffsteinhöhle Deutschlands" führen. Ihre Gesamtlänge beträgt 170 m, besichtigen kann man davon etwa 120 m. Sie besteht aus zwei parallel zur Echaz verlaufenden Gängen, die trotz der Nähe zum Fluss völlig trocken sind. Entdeckt wurde die Naturhöhle 1874 bei Steinbrucharbeiten. Man baute sie zur Besucherhöhle aus und benannte sie nach der damaligen Königin Olga von Württemberg. Schon 1884 erhielten die Höhlengänge eine elektrische Beleuchtung, somit war die Olgahöhle die erste elektrifizierte Schauhöhle Deutschlands. An mehreren Stellen haben sich Stalaktiten gebildet, hier und da ragen versteinerte Wurzeln durch die Höhlendecke. Charakteristisch und besonders schön sind die Kalotten aus Blaualgentuff, umgangssprachlich ihrer Form wegen auch „Blumenkohlsinter" genannt.

Die Olgahöhle ist zwischen April und Oktober immer am ersten Sonntag eines Monats sowie an

Feiertagen von 11-17 Uhr geöffnet. An Fronleichnam wird das jährliche Olgahöhlenfest veranstaltet. www.olgahoehle.de

Tipp

Honau hat in wenigen Gehminuten in der Umgebung weitere Besonderheiten zu bieten: Im Sommer lockt das kleinste Freibad am Albtrauf mit gestaffelter Liegewiese und Blick auf Schloss Lichtenstein. Dem Autor des gleichnamigen Romans, Wilhelm Hauff, ist ein neu konzipiertes literarisches Museum gewidmet. Die wildromantische Echazquelle sprudelt kristallklares Wasser aus grauen Felsen hervor und fördert es nach 20 km in den Neckar. Die hausgemachten Forellen sind nur eine von vielen regionalen Spezialitäten des Forellenhofs Rössle.
www.gemeinde-lichtenstein.de

LAGE

Lichtenstein-Honau, Ortsmitte

ERREICHBARKEIT

Von der B 313 Reutlingen Richtung Engstingen. In der Ortsmitte von Honau nach links in die Olgastraße abbiegen und dieser folgen, bis sie links abzweigt. Die Olgahöhe ist gut ausgeschildert.

RULAMANN-WEG
Mit 500 Schritten durch 500.000 Jahre

Auf dem 500 m langen Weg begibt man sich in einem felsumsäumten Tal auf eine spannende Zeitreise in die Steinzeit. Mit jedem Schritt geht man 1.000 Jahre zurück in die Vergangenheit. Schautafeln informieren dabei - abgeleitet von den Albhöhlenfunden - über die Entwicklung der Menschheit. Entlang des Weges stößt man auf rätselhafte Skulpturen und ein nachgebautes Sommerlager eines Neandertalers. Ist das Ende des Rulamanweges erreicht, sollte man jedoch unbedingt weitergehen. In dem sich verengenden Tal wird das Bächlein wilder und die Felswände werden steiler. Nach wenigen Gehminuten ist die atemberaubende Wolfsschlucht erreicht. Eine Brücke führt über den Wildbach, der in meterhohen Wasserfällen zu Tal stürzt. Eine aus dem Fels gehauene Treppe führt an vermoosten Felsen hoch zur Albhochfläche. Vor der Bachquerung führt rechts ein schmaler Pfad steil hinauf zur Schillerhöhle, auch Tulkahöhle genannt. So heißt die 245 m lange Kalkhöhle in dem berühmten Jugendroman „Rulaman" von David Friedrich Weinland. Sie liegt unterhalb der Ruine Hohenwittlingen. Für die Erkundung der Höhle unbedingt eine Taschenlampe mitnehmen.

Zwischen November und April ist die Höhle zum Schutz der überwinternden Fledermäuse verschlossen. www.badurach-tourismus.de

Tipp

Der adlige Herr von Schilling, der sich bei der Bärenjagd nahe Burg Hohenwittlingen schwere Verletzungen zugezogen hatte, war beim Heimtransport verstorben. An der Stelle, wo er starb, steht heute das Schillingskreuz. Es befindet sich auf dem schmalen Grat des Bergausläufers, der vom Segelfluggelände Hülben bis zum Jusi führt, zwischen der Karlslinde und dem Dettinger Hörnle. Bereits vom Metzinger Bahnhof und vom Parkplatz Hohenneuffen ist der als Gustav-Ströhmfeld-Wanderweg bezeichnete Qualitätsweg ausgeschildert.

LAGE

An der Abzweigung von der B 465 zwischen Bad Urach und Seeburg nach Wittlingen

ERREICHBARKEIT

Der Rulamanweg startet am Parkplatz, 50 m nach der Abzweigung Wittlingen. Der kurze, urgeschichtliche Pfad führt parallel zu einem Bächlein in das kleine Föhrental hinein. Nach etwa 500 m endet der mit Infotafeln gesäumte Weg. Mäßig bergauf gelangt man über einen Waldweg in die atemberaubende Wolfsschlucht. Vor einer Brücke führt ein Pfad zurück zum Parkplatz, ein anderer weiter bergauf bis zur Schillerhöhle (auch Tulkahöhle) - sie liegt unterhalb der Burgruine Hohenwittlingen.

SCHALKSBURG-HÖHLEN
Der Schatz im Teufelsloch

Versteckte Höhlen, grandiose Aussichten, geschichtsträchtige Mauerreste, geheimnisvolle Geschichten: Auf der äußersten Westspitze des Steinbergs, 300 m über dem Eyachtal, gibt es mehr zu entdecken, als sonst an einem Ort auf der Zollernalb. Vorsichtig wagt man sich an den steilen, felsigen Abgrund und den 4 m großen Trichterrand des Teufelslochs heran: Eine Sage behauptet, dass am Grund der 14 m tiefen Höhle ein Schatz verschüttet sei und ein unterirdischer Gang hinab zum Wannenhof führt, der in einem Tal nördlich der Bergspitze liegt. Wer weiß, der Gang endet auf jeden Fall nach 23 m im Fels. Sicher ist indessen, dass das Stille Loch,

die geräumigste der Höhlen im Felsenkranz der Schalksburgfelsen, gegen Ende des Zweiten Weltkriegs beim Einmarsch der Franzosen als Zufluchtsort der Burgfelder Bevölkerung aufgesucht worden war. Schon die Kelten hatten sich hier wie auch im benachbarten Raubtierschluf aufgehalten. Dort fanden sich auch nacheiszeitliche Reste von Braunbär und Rothirsch. Oberhalb und von der Hochfläche aus nicht zu erkennen und mit ein bisschen Kletterei über den Hang erreichbar, liegt die 10 m lange Wannentalhöhle.

www.burgfelderinfo.de

Tipp

Die Schalksburg, eine der größten ehemaligen Burganlagen der Mittleren Alb, war eine von drei Höhensitzen der Zollerngrafen. Sie wurde um 1100 in eine viel ältere Festungsanlage integriert, 1557 kam ihr Ende. Vierhundert Jahre später half eine US-Hubschrauber-Staffel beim Wiederaufbau des frei zugänglichen Burgturms, von dem man eine außergewöhnliche Aussicht hat.

LAGE

Der höhlenreiche Schalksburgfelsen (910 m) mit ehemaliger Burganlage liegt oberhalb von Albstadt-Laufen.

ERREICHBARKEIT

Wer den steilen Aufstieg von Laufen scheut, erreicht die Schalksburg über die K 7142 von Albstadt-Pfeffingen nach Burgfelden. Am Albtrauf entlang führt ein 20-minütiger Wanderweg über einen schmalen Sattel zum Bergausläufer des Steinbergs mit dem Bergfried, der heute als Aussichtsturm genutzt wird. Vom Plateau aus geht man nach Norden bis zum Felsrand, dort etwa 30 m nach rechts. An einer kleinen Vertiefung führt ein Pfad unter die obere Felsstufe. Rechts davon öffnet sich der Spalt der Wannentalhöhle. Westlich und 10 m unterhalb davon beginnt der Raubtierschluf. Das sehr geräumige Stille Loch liegt auf derselben Höhe, aber weiter östlich, am Beginn der längeren Felsreihe. Vom Turm führt ein Pfad nach Süden zum atemberaubenden Felsaussichtspunkt auf Laufen im Eyachtal. Hier beginnt der trichterartige Einstieg ins Teufelsloch.

HÖHLENPARK TOBELTAL
Wie ein Schweizer Käse

Als der Tobelbach noch in vollem Saft stand, hat er zwischen Upflamör und Zwiefalten ein Tal geformt, das heute an manchen Abschnitten aussieht wie ein durchgeschnittener Schweizer Käse. Während im Emmental allerdings die Löcher bei der Gärung durch Säurebakterien entstehen, hat die Höhlungen im Tobeltal der einstige Bach ausgewaschen. Heute sind die Tobelquelle und der ihr zulaufende Flözenbach, vor allem im Sommer, mickrige Rinnsale. Zehn kleinere Höhlen liegen zwischen den felsigen Hängen. Von Zwiefalten kommend fährt man zunächst durch eine 800 m lange und bis zu 200 m breite Talaue. Nun kommt der erste von zwei felsigen Abschnitten - und das große Abenteuer des spannenden Höhlensuchens kann losgehen. Auf den folgenden 500 m gibt es fünf Höhlen zu entdecken. Weil einige Höhlen recht eng sind, sollte man den Besuch aber auf den Eingangsbereich beschränken.

Rechts am Beginn einer leichten Rechtskurve liegt die kleine Öffnung der Steinschlagkluft. Nach der kurzen Engstelle öffnet sich ein 3 m hoher Gang, in dem es 10 m steil nach oben geht. Ebenso eng geht es in der Tobeltalhöhle zu, die am Ende des felsigen Talabschnitts liegt. Dort, wo zwei Felsen ganz nahe stehen, quert man das Bachbett und steigt einige Meter die Felsen hoch: Ein fast 5 m breiter Eingang führt in einer Engstelle rund 14 m ansteigend nach oben und dann 15 m horizontal in die Endhalle. Gegenüber liegt die einstige Fortsetzung - satte 6 m hoch und 4 m breit ist der 10 m bergwärts führende Eingang. Bereits 100 m talabwärts liegt rechter Hand die Sandbreitenhöhle. Der Höhleneingang der Tobeltalklufthöhle liegt gegenüber, wo sich von Süden ein kleines Tälchen öffnet. Die restlichen fünf größeren Höhlen und Felsüberhänge liegen entlang der Straße des letzten, 700 m langen felsigen Talabschnitts und sind leicht zu finden.

www.zwiefalten.de

Tipp

Die stärkste Karstquelle der Mittleren Alb liegt talauswärts – der eindrucksvolle „Kessel". Der 22 m breite und 4 m tiefe, bläulich schimmernde Quelltopf ist eingezäunt, weil ein Teil des Quellwassers als Trinkwasser abgezapft wird. Rund 700 l pro Sekunde quellen aus der Tiefe und fließen als Kesselbach nach Zwiefalten. Am Kloster mündet der Bach in die von der Wimsener Höhle herkommende Aach.

LAGE

Das Tobeltal liegt zwischen Zwiefalten und den Teilorten Upflamör und Mörsingen.

ERREICHBARKEIT

Durch das 2,5 km lange Tobeltal verläuft die K 6745, die Zwiefalten mit Mörsingen und Upflamör verbindet. Die Höhlen liegen zumeist rechtsseitig der Straße direkt an der felsigen Böschung. Einen Fußweg gibt es nicht, man muss an den Talenden parken und über die Seitenstreifen auf Höhlentour gehen. Achtung beim Queren der befahrenen Straße! Talauswärts Richtung Sportanlagen liegt die eingezäunte Kesselbachquelle.

HÖHLENPARK VERINGENSTADT
Die Hauptstadt des Neandertalers

Die „Hauptstadt des Neandertalers" könnte im Tal der Lauchert gelegen haben. Rund um Veringenstadt gibt es über vierzig Höhlen! Natürlich sind nur wenige der Felsöffnungen so groß, um sich wohnlich oder auch nur vorübergehend niederzulassen. Aber die Häufung von Fundstellen auf so engem Raum macht es wahrscheinlich, dass der Neandertaler vor rund 60.000 Jahren hier lebte. Und nicht nur er: Der ihm vor 40.000 Jahren folgende Homo sapiens (heutiger Mensch) hatte ab der Altsteinzeit ebenfalls im Laucherttal das große Höhlen-Wohnangebot genutzt. Die Annakapellengrotte – ein Bildstock erinnert an eine ehemalige Kapelle am alten Stadttor vor der Höhle - liegt am oberen Ende des Burgweges. Dieser zweigt von der Straße nach Harthausen (L 415) noch im Ort auf die Höhe ab. Rund 150 m vor der Berghöhe zweigt ein unscheinbarer Pfad 50 m hinauf zur Annakapellenhöhle. In der Höhle fanden sich 77 Feuersteine sowie keltische Tonscheiben. Zur ausgeschilderten Göpfelsteinhöhle führt von der Berghöhe ein Weg zum Vorplatz mit insgesamt 25 m langen Gängen. In diesem ehemaligen geräumigen Hyänenhorst hatte es sich der Neandertaler gemütlich gemacht. Von hier aus kann man gegenüber, über der Lauchert, in das Portal der gewaltigen Nikolaushöhle blicken – ein ausgeschilderter Waldpfad zweigt vom Uferweg Bei der Lohmühle ab. In der 30 m langen und 20 m breiten Höhle hielten Höhlenbären ihren Winterschlaf. Wenige Meter westlich, rund 15 m tiefer (Pfad vom Uferweg) liegt der 36 m breite und 10 m tiefe Überhang der Schafstallhöhle mit unzähligen Fundstücken, u.a. Feuersteinwerkzeuge des Neandertalers. Am Beginn des Uferweges an der Lauchertbrücke - mit steinerner Neandertalerfigur - liegt die Mühlberghöhle mit Infotafeln über die Entstehung der Höhlen und die zahlreichen Ausgrabungsfunde, die im Heimatmuseum Veringenstadt anzuschauen sind. In

der Höhlennische steht gar ein lebensgroßer Höhlenbär. Von hier geht's rechts des Flusses unter der B 32 und über die Bahngleise zum Tunneleingang. Ein Felspfad führt hoch hinauf zu den beiden Hagentorhöhlen, deren imposanter Eingang 15 m breit und bis zu 7 m hoch ist, im Inneren gibt es einige Kammern und Gänge zu erkunden.

www.veringenstadt.de

Tipp

Unglaublich, wie viele Erlebnisorte ein so kleines Städtchen zu bieten hat: Ganz oben lockt die Aussicht von der um 1100 erbauten Burganlage. Unter den vielen schönen Fachwerkhäusern fällt das älteste Rathaus Hohenzollerns auf. Im wunderschönen Heimatmuseum ist neben den Höhlenfunden aus verschiedenen Siedlungsepochen das erhaltene Hexenhemd der 1680 als Hexe hingerichteten Bader-Ann zu sehen.

LAGE

Veringenstadt liegt im Laucherttal zwischen Gammertingen und Sigmaringen.

ERREICHBARKEIT

Das überschaubare Kleinstädtchen im Laucherttal wird von der B 32/313 untertunnelt und durchquert. Aufgrund der kurzen Wege wird das Parken am Rande der Altstadt empfohlen. Ein Höhleninformationspunkt ist an der Mühlberghöhle eingerichtet, die an der Lauchertbrücke am südlichen Stadteingang (B 313-Abfahrt von Sigmaringen kommend) liegt. Alle Höhlen sind uneingeschränkt zugänglich.

HÖHLENPARK WILFLINGEN
Höhlensiedlung beim verschwundenen Dorf

Von den bisher etwa 2.800 entdeckten Höhlen auf der Schwäbischen Alb liegt ein Großteil in kaum begangenen Nebentälern und Felsgruppen im mittleren Teil des Mittelgebirges. Da gibt es noch jede Menge zu entdecken! Insgesamt drei wilde „Höhlenparks" gibt es bei Wilflingen. Selemanns Küche zählt zu den von auswärtigen Besuchern so gut wie nie aufgesuchten Orten. Wie sollte es auch sein: Nicht einmal die gemeindeeigene Webseite hat ihre Höhlen unter der Rubrik Sehenswürdigkeiten verzeichnet. Umso mehr kann man sich also darauf freuen, dass man beim Erkunden des etwa 300 m langen, von Felswänden eingerahmten Tälchens, vermutlich keinen anderen Besuchern begegnen wird. Nicht nur für Kinder wird die Suche nach den kleinen Höhlen ein herrlicher Spaß. Hallendorf heißt der Wald, durch den sich diese Schlucht zieht. Dieser Name deutet auf eine verschwundene Siedlung aus dem siebten Jahrhundert hin. Eine viel ältere Behausung stellt Selemanns Küche dar. Sie ist in der Jungsteinzeit als zweistöckige Wohnung genutzt worden. Der obere Bereich ist mehr als doppelt so hoch und hat ein großes Portal. Zweistöckig ist auch das oberhalb gelegene Kolkloch - ein Pfad führt zum 3 m breiten und 6 m hohen Eingang. Die Abrissspalte durchzieht 20 m westlich von Selemanns Küche einen Felsen auf 6 m Länge. Abenteuerlustige dürfen sich auf die Suche nach dem 2 x 2 m großen Felstor und dem nur 40 x 40 cm großen Wespenloch freuen. Weitaus geräumiger ist die Klufthalle mit ihrem 3 x 4 m großen Eingang und der 10 m hohen Halle. Die kleine Vier-Eingangshöhle hat gleich vier Öffnungen.

www.langenenslingen.de

Tipp

Im beschaulichen Wilflingen liegt seit 1450 der Stammsitz der älteren Schenken von Stauffenberg. Das Schloss mit der St. Petrus-Kirche bestimmt heute noch das Ortsbild. Im Forsthaus ist eine Gedenkstätte für den Schriftsteller Ernst Jünger eingerichtet. www.juenger-haus.de

LAGE

Der Höhlenpark liegt rund 1,5 km südwestlich von Langenenslingen-Wilflingen im Landkreis Biberach.

ERREICHBARKEIT

Von Wilflingen auf der L 268 Richtung Scheer-Heudorf befindet sich rechter Hand etwa 500 m nach dem Ortsausgang eine Parkbucht. Dem Waldweg folgend öffnet sich nach 300 m am rechten Hang die zweigeschossige Höhle Selemanns Küche. Etwa 10 m weiter führt ein Trampelpfad hinauf zum Kolkloch. Gut 20 m neben der Selemanns Küche ist die Abrissspaltenhöhle im Fels zu sehen. Nur weitere 10 m ist im gegenüberliegenden Hang die Vier-Eingangshöhle zu entdecken. Rund 80 m von der Selemanns Küche entfernt klafft im linken Hang in 10 m Höhe die Öffnung der Klufthalle. Etwa 120 m von dieser Hangseite entfernt liegt, ziemlich versteckt in 25 m Höhe, die Felstorhöhle. Das Wespenloch ist dann die letzte Höhle des Tales – ebenfalls 25 m über der Talsohle und nicht leicht zu finden.

ZWIEFALTENDORFER HÖHLE
Bierkeller und Tropfsteinhöhle

Als Anton Blank 1892 den Versuch unternahm, den Bierkeller der von ihm erworbenen Dorfbrauerei samt Wirtschaft räumlich zu vergrößern, passierte es: Der Pickelschlag ging ins Leere und plötzlich tat sich vor ihm eine Höhle auf. In einer Tiefe von 10 m hatte Blank eine etwa 20 m lange Tropfsteinhöhle entdeckt. Bis zum heutigen Tag gilt die Zwiefaltendorfer Höhle als die kleinste Schauhöhle Deutschlands und die einzige im Landkreis Biberach. Von den überhaupt zu besichtigenden Primärhöhlen - das heißt, sie ist

zeitgleich mit dem sie umgebenden Kalktuff-Gestein entstanden – ist die Zwiefaltendorfer Höhle eine von dreien in Deutschland. Sie führt in einer Breite von 2-3 m direkt unter den Gehweg der Hauptstraße und liegt auf etwa dem Niveau der neben dem Gasthaus in die Donau fließenden Zwiefalter Aach. Erstaunlicherweise dringt aber von der Aach kein Wasser in das Gewölbe ein, sondern von der 100 m entfernten Donau: Wenn sich deren Wasserspiegel hebt, füllt sich auch die bis zu 8 m hohe Höhle. Beim Jahrhunderthochwasser 1988 lag der Wasserpegel im hinteren Teil bei 2,20 m. Hinter dem schwarz überzogenen Sinter an den Wänden steckt nicht etwa der Ruß von Fackeln, vielmehr handelt es sich um Algen, die nach der Asphaltierung des Gehwegs kein Wasser mehr von oben bekamen und abstarben.

Führungen in Höhle und Brauerei sind täglich zur vollen Stunde möglich - vorausgesetzt der Braumeister hat Zeit. Der urschwäbische Gasthof in Familienbesitz, von dem aus der Abstieg in die Höhle erfolgt, hat von Mo bis

Sa, täglich von 8-21 Uhr geöffnet. Nach Regenperioden empfiehlt es sich, Gummistiefel mitzunehmen, weil der Grundwasserspiegel am Höhlenboden ansteigt. Der Eintritt ist frei, aber kaum ein Gast geht, ohne eine Probierpackung des in den 10 m tiefen Felsenkellern gereiften Bieres erworben zu haben. Brauerei Blank,Tel. 0 73 73/643 www.brauerei-blank.de

Tipp

Auf dem Kirchturmdach von Zwiefaltendorf liegt der nördlichste Brutplatz für Weißstörche zwischen Oberschwaben und der Mittleren Alb. Ab März lässt sich in der Regel beobachten, wie sich ein Pärchen niederlässt. Je nach Frühlingswitterung können bereits Anfang Mai die Küken schlüpfen. Mitte Juli verlassen dann die Nestlinge erstmals ihren Horst.

LAGE

Zwiefaltendorf Ortsmitte bei Blanks Brauereigasthof

ERREICHBARKEIT

Die Schauhöhle liegt unter dem Bierkeller des Gasthofes der kleinen Brauerei Blank mitten an der Durchgangsstraße in Zwiefaltendorf.

ABENTEUERPARK SCHLOSS LICHTENSTEIN

Albdschungel und Märchenschloss

Vor Millionen von Jahren war dort, wo heute die Alb ist, ein tropischer Dschungel. Tarzan und Jane – so es sie damals gegeben hätte – wären mit Lianen durch den dichten Urwald geschwungen. So urig ist der Wald heute nicht mehr, aber von Baum zu Baum gleiten kann man immer noch. Dazu muss man auch nicht Spiderman, sondern mindestens acht Jahre alt, mutig und halbwegs fit sein: Denn im

Abenteuerpark braucht es schon ein wenig Heldentum, um sich in luftiger Höhe von bis zu 16 m von Plattform zu Plattform zu schwingen.

Mehr geht nicht: In zehn weit verzweigten Parcours mit über 200 Stationen in unterschiedlichen Höhen- und Schwierigkeitsgraden kommen Anfänger wie auch geübte Kletterfreunde in einem dreistündigen Durchlauf voll auf ihre Kosten. Aber keine Sorge - alles läuft unter höchsten Sicherheitsvorkehrungen ab, nach gründlicher Einweisung durch professionelle Kletterer und nach ungefährlichen Probeübungen. Wichtig ist, dass man gute Sportschuhe, schmutzunempfindliche Kleidung und ein Kopftuch (kann vor Ort auch gekauft werden) für den geliehenen Helm mitbringt.

Der Abenteuerpark ist witterungsabhängig von Mitte April bis Anfang Nov. täglich von 10-19 Uhr geöffnet. Im Sommer ab 9 Uhr, in den Herbstmonaten je nach Dämmerung nur bis 17:30 Uhr. Die benachbarte Schloss-Schenke sowie das Schloss sind von April bis Okt. täglich von 9-17:30 Uhr geöffnet. Nov.,

Febr. und März nur sams-, sonn- und feiertags. Das Restaurant „Altes Forsthaus" hat in der Sommersaison täglich von Mi bis So, im Winter Sa, So und feiertags geöffnet. Für Selbstversorger gibt es einige Grillstellen nahe des Abenteuerparks.

www.abenteuerpark-schlosslichtenstein.de;
www.schlossschenke-lichtenstein.de

Tipp

Am Besuch des nahegelegenen Schloss Lichtenstein kommt man nun wirklich nicht vorbei – und das nicht nur wegen der fantastischen Aussicht vom 817 m hohen Felsen auf das Echaztal. Die Räume des romantischen Märchenschlosses, das 1840-42 auf mittelalterlichen Burgfundamenten errichtet wurde, können in einer dreißigminütigen Führung besichtigt werden.
www.schloss-lichtenstein.de

LAGE

Zwischen Genkingen und Engstingen beim Schloss Lichtenstein

ERREICHBARKEIT

Die Zufahrt zum großen Parkplatz beim Schloss Lichtenstein ist von der L 230, die Genkingen mit Engstingen verbindet, ausgeschildert. Direkt am Parkplatz befindet sich ein weitläufiger Kinderspielplatz mit Grillstellen, Kiosk, Gartenwirtschaft und Abenteuerpark. Das Schloss ist nur 200 m entfernt.

ALB-GOLD ERLEBNISWELT

Eier, Nudeln und tausend duftende Kräuter

Am Anfang war ein Geflügelhof, 1977 startete dann die Teigwarenproduktion – und heute ist Alb-Gold der zweitgrößte Nudelhersteller Deutschlands. Der Erfolg kommt nicht von ungefähr: Das Vorzeigeunternehmen setzt auf reine, wertvolle Nahrungsmittel ohne künstliche Zusätze, gepaart mit Heimatverbundenheit und Regionalität – schließlich liegt hier der Ursprung des schwäbischen Nudel- und Spätzleshandwerks. Und Alb-Gold zeigt sich ständig innovativ: Die Herstellung von über 150 Ausformungen sowie die tägliche Verarbeitung von 60 Tonnen Nudeln können in der Gläsernen Produktion bei einer 60-minütigen Führung verfolgt werden. Im Kundenzentrum hat sich ein Landmarkt etabliert - ein Nudelschlaraffenland mit regionalen Spezialitäten samt Restaurant zum Probieren. Fast unbemerkt hat sich vor den Toren der großen Spätzlesküche ein einzigartiger, weitläufiger Garten entwickelt: Die Kräuter Welt. Auf einer Fläche von sage und schreibe 2 ha wachsen über tausend verschiedene Küchen- und Gewürzkräuter, Arznei- und Heilpflanzen, Tee- und Duftkräuter sowie Gemüse- und Kulturpflanzen. Ein landwirtschaftlicher Lehrpfad zeigt anschaulich den Weg des Getreides von seiner Aussaat bis auf den Teller. Fußtastpfad, Wildbienenhaus,

Weidenpavillon, Gartenkunst und vieles mehr – man kommt aus dem Sehen und Staunen gar nicht mehr heraus. Für Kinder wird auf dem 300 qm^2 großen Erlebnisspielplatz mit tollem Holz-Parcours die Zeit ebenfalls wie im Fluge vergehen.

Der Landmarkt ist Mo bis Sa 9-20 Uhr und sonn- und feiertags 11-18 Uhr geöffnet, und im Nudelrestaurant Sonne stehen leckere Nudelkreationen auf der Karte. Die Kräuter Welt ist täglich von 10-22 Uhr geöffnet. Der Kräuter Markt ist von April bis Oktober von 10-18 Uhr geöffnet. www.alb-gold.de

Tipp

Auf dem Marktplatz vor der Kräuter Welt gibt es übers Jahr verteilt drei große Themenmärkte: Ende März einen Frühlingsmarkt, Anfang August den Sommermarkt und schließlich den stimmungsvollen Adventsmarkt Mitte November.

LAGE

Zwischen Trochtelfingen und Engstingen

ERREICHBARKEIT

Das Alb-Gold Kundenzentrum hat von der B 313 zwischen Trochtelfingen und Engstingen eine eigene Abfahrt und einen großen Parkplatz. Von Trochtelfingen aus gelangt man nach 3 km ausgeschildertem Spaziergang zur Anlage.

HAUPT- UND LANDGESTÜT MARBACH

Heimat edler Pferde seit 500 Jahren

Hier gibt es in historischer und traumhafter landschaftlicher Lage jede Menge zu sehen und zu entdecken, sodass ein Besuch immer ein besonderes Erlebnis ist. Marbach mit seiner 500-jährigen Geschichte ist das älteste staatliche Gestüt Deutschlands – wie überhaupt im Lautertal die Zucht von Pferden weit zurückreicht: Im benachbarten Gomadingen, wo im ersten Jahrhundert nach Christus die Nordgrenze des Römischen Weltreichs verlief, war in einem Kastell nördlich des Ortes eine teilberittene Einheit stationiert. Die württembergische Gestütsgeschichte erfährt man beim Besuch des Informationszentrums am Eingangshof oder im feinen Gestütsmuseum in Offenhausen. Lebendiger geht es hingegen auf dem weitläufigen Gestütsgelände zu: Über 550 Pferde leben auf einer Fläche von rund 1.000 Hektar. Edle Warmbluthengste, liebenswerte Schwarzwald-Füchse und stolze Vollblutaraber sind hier zu Hause. Ende Februar kommen in Marbach die ersten Fohlen zur Welt. Sechs Monate lang können sich die Stuten mit ihren Fohlen auf den Koppeln tummeln. Bei diesem Anblick schlagen nicht nur Pferdefreunde-Herzen höher. Zwei weitere Gestütshöfe (Außenstellen des Hauptgestüts) laden auf einen Abstecher ein: Die schöne Hofanlage in Offenhausen ist geprägt vom ehemaligen Dominikanerinnenkloster - von Klostermauern idyllisch einge-

rahmt, befindet sich hier auch die Lauterquelle. Zum Fohlenhof beim herrlich gelegenen Gestütshof St. Johann, zwischen Würtingen und Eningen, werden die Stutfohlen gebracht.

Das Haupt- und Landgestüt kann ganzjährig täglich von 8-12 und 13-17 Uhr besichtigt werden. Die Öffnungszeiten des Besucherinformationszentrums sind von April bis Oktober täglich von 10-17 Uhr, im Winterhalbjahr sonn- und feiertags von 11-17 Uhr. Der benachbarte traditionsreiche Gestütsgasthof mit gutbürgerlicher Küche und Kinderspielplatz hat täglich außer montags geöffnet. www.gestuet-marbach.de

Tipp

Erfahrene Gestütsführer bieten spannende Rundgänge durch die Stallungen an, die sehr zu empfehlen sind. Die Möglichkeit dazu gibt es an allen Sonn- und Feiertagen sowie Ferientagen täglich um 13:30 Uhr und um 15 Uhr. Exklusive Gestütsführungen oder individuelle Kutschenfahrten muss man hingegen buchen. Bei entsprechender Schneelage gibt es auch Fahrten mit dem Pferdeschlitten.

LAGE

Marbach liegt südlich von Gomadingen im Großen Lautertal.

ERREICHBARKEIT

Mit dem Auto auf der L 249 bis Marbach. Großer Parkplatz beim Gestüt.

KINDERNATURSCHUTZGEBIET ÖDENWALDSTETTEN

Ein Naturschutzgebiet nur für Kinder

Das gibt's nur auf der Alb: Deutschlands erstes Kindernaturschutzgebiet. Das Konzept, das bereits für Kindergartenkinder geeignet ist, ermöglicht Kindern, die Natur spielerisch und hautnah zu erkunden und auch zu verstehen: Mit Pflanzen, Bäumen, Steinen und der Erde auf Tuchfühlung gehen - ganz ohne Infotafeln geht's aber doch nicht, die Texte sind jedoch leicht verständlich. An 16 Erlebnisstationen entlang des 3 km langen Rundwegs können Kinder selbst aktiv werden - so lässt es sich zum Beispiel in einer überdimensionierten Vogelhütte nachempfinden, wie sich ein kleiner Piepmatz im Nest fühlt oder man „wohnt" wie Fuchs und Dachs in einer Steinhöhle. Ein Balancierbalken veranschaulicht, wie empfindlich das Gleichgewicht unserer Natur ist und entlang des Weges lernt man jede Menge seltene Pflanzen und Tiere der Schwäbischen Alb kennen. Genügend Raum und Möglichkeiten zum Austoben bietet mit seinen naturnahen Spielgeräten und Spielformen der tolle Abenteuerspielplatz - derweil können die Eltern schon einmal die Rote Wurst an der Grillstelle anheizen.

www.gemeinde-hohenstein.de

Tipp

Nach dem Wissen kommt das Staunen: Nicht weit entfernt, im Wald bei Pfronstetten, liegt der spannende PhänoPfad. Phäno meint Phänomen – also etwas, das uns wundert und zum Staunen bringt. Der etwas andere Pfad (ständig werden neue Ideen umgesetzt) braucht aktive Mitmacher, die an verschiedenen Stationen einfache, physikalische Experimente durchführen. Groß und Klein können an der Waldkegelbahn ihr Glück versuchen, Steine heben, der Wurzelharfe lauschen oder wie ein Luchs die Ohren spitzen. Rund 1,5 Stunden sollte man einplanen. Los

geht's am Wanderparkplatz Lehrtal in der Senke der K 6747 zwischen Aichstetten und Aichelau. Der Pfad ist von Mai bis Oktober geöffnet.
www.phaenopfad.de

Gut kombinieren lässt sich dieser Ausflug auch mit einem Besuch des liebevoll eingerichteten Bauernhausmuseums in Ödenwaldstetten – s. Seite 198.

LAGE

Im Waldgebiet „Hüttenstuhlburren" zwischen Ödenwaldstetten und Eglingen in der Gemeinde Hohenstein

ERREICHBARKEIT

An der L 248 zwischen Ödenwaldstetten und Eglingen liegt linker Hand ein Wanderparkplatz. Hier beginnt auch schon das frei zugängliche Kindernaturschutzgebiet mit Abenteuerspielplatz.

LAUTERTALERLEBNIS GOMADINGEN
Vorbei an neun Planeten

Im Vergleich zu einem zehn Jahre dauernden Flug zum Pluto, dem neunten und äußersten Planeten unseres Sonnensystems, sind 10 km Wanderstrecke doch ein Klacks. In Gomadingen wird ein utopischer Weltraumflug halbwegs zum Spaziergang: Ein origineller Lehrpfad führt maßstabsgerecht zu den Modellen des Sonnensystems. Im Maßstab 1:1 Milliarde bekommt man eine Vorstellung über Größe und Abstände der Himmelskörper zueinander - Schautafeln beschreiben unsere kosmischen Nachbarn auf leicht verständliche Weise. Auf 9,8 km

(plus Rückweg 7,5 km) werden die unvorstellbaren Dimensionen des Alls erfahrbar: Mit einem Schritt umkreist man gewissermaßen fünfzehn Mal die Erde. Wer nicht so weit laufen möchte, kann sich auch Teilstrecken aussuchen oder Planeten gezielt besuchen. Der Weg beginnt bei der Sonne am Fuße des Sternbergs. Jupiter wartet vor dem Gomadinger Rathaus, Saturn steht beim Bahnübergang am Lautertalweg auf Höhe des Parkplatzes Bermanstal. Hinter dem Gestütsgasthof Marbach versteckt sich Uranus, und Neptun muss man bei der Hanfsamenbuche auf Markung Dapfen suchen. Die Weltraumodyssee endet hoch über dem Lautertalhang hinter Wasserstetten bei Pluto.

www.gomadingen.de

Tipp

Da der Planetenweg direkt durch das Haupt- und Landgestüt Marbach führt, bietet sich eine Gestütsbesichtigung an – siehe Seite 92 - 93.

Direkt am Ortsausgang, gegenüber der schönen Wachholderheide, liegt das Lauterinfozentrum. Auf einem großen Teich können Kinder mit einem Holzfloß Tom Sawyer und Huckleberry Finn spielen, während Vater die Würste grillt und Mutter im kühlen, flachen Nass der Lauter kneippt. Jede Menge Wissenswertes über die Alblandschaft, die Schäferei und verschiedene regionale Produkte steht auf anschaulichen Infotafeln.

LAGE

In Gomadingen und der Lauter entlang nach Marbach, Dapfen und Wasserstetten

ERREICHBARKEIT

Der Planetenweg beginnt am Sportplatz von Gomadingen: Im Ortszentrum Richtung Bernloch, rechts in die Brunnenstraße und an deren Ende über die Ödenwaldstetter Straße bis zu den Sportanlagen. Das Lauterinfozentrum liegt am Gomadinger Ortsende Richtung Marbach, rechts an der Lauter.

NEBELHÖHLE
140 Stufen in die Tiefe

Die Nebelhöhle gilt als eine der schönsten und größten Tropfsteinhöhlen der Mittleren Schwäbischen Alb. Das jedes Pfingsten stattfindende Nebelhöhlenfest geht auf das Jahr 1803 zurück, als der spätere König von Württemberg, Friedrich I., erstmals die mit tausend Kerzen erleuchtete Höhle besuchte. Den Namen hat die 813 m lange Höhle – wovon 450 m für Besucher erschlossen sind – von der in der kalten Jahreszeit aufsteigenden warmen Luft. Das Nebelloch, wie die Höhle schon 1486 hieß, hat nämlich das ganze Jahr über eine Temperatur von 8-10 °C und eine Luftfeuchtigkeit von 90 Prozent. Ist es im Winter draußen kälter, steigt die warme Luft nach oben und bildet den Nebel. Vermutlich ist die durch ihre wunderschönen, bizarren Tropfsteine ausgeschmückte Nebelhöhle die älteste Touristenattraktion der Alb - bereits im 16. Jahrhundert zog sie zahlreiche Besucher an. Erst 1920 wurde eine Fortsetzung der Höhle entdeckt, was zum Bau des heutigen Höhleneingangs führte: 140 Stufen führt dieser in die Tiefe. In der hintersten Halle befindet sich in der Nähe des Großen Sees ein abgesägter Tropfstein. Der 4,5 m hohe Stalagnat wurde im Treppenhaus des Neuen Schlosses Stuttgart als Wandverkleidung verarbeitet.

Die Nebelhöhle hat von April bis Oktober täglich von 9 -17:30 Uhr geöffnet, November und März nur Sa, So und feiertags von 9 - 17 Uhr. Zum Schutz der Fledermäuse bleibt die Höhle von Dezember bis Februar geschlossen. Bei der Höhle gibt es einen Kiosk mit Imbiss, einen Grill- und Kinderspielplatz.
www.hoehlenwelten-sonnenbuehl.de

Tipp

Das Nebelhöhlenfest ist das größte Volksfest auf der Mittleren Alb. Es wird jedes Jahr von Pfingstsamstag bis Pfingstmontag gefeiert. Auf dem idyl-

lisch gelegenen Festplatz locken ein großes Festzelt, Livemusik für jeden Geschmack und viele Fahrgeschäfte nach wie vor Tausende an. Es macht Sinn, an diesen Tagen von einem der umliegenden Wanderparkplätze oder vom Schloss Lichtenstein (3 km) zum Höhlenfest zu starten.
www.nebelhoehlenfest.de

LAGE

Zwischen Sonnenbühl-Genkingen und Schloss Lichtenstein

ERREICHBARKEIT

Die Nebelhöhle liegt in der Gemeinde Sonnenbühl beim Ortsteil Genkingen. Vom östlichen Ortsende führt ein ausgeschilderter Fahrweg zum großen Parkplatz.

NOSTALGIEZÜGE

Mit Dampf über die Mittlere Alb

Ganz neu bei der Schwäbischen Alb-Bahn ist, dass an allen Sonn- und Feiertagen zwischen dem 1. Mai und Mitte Oktober wieder mehrere wunderschöne historische Triebwagen eingesetzt werden. Insgesamt viermal wird die Strecke von Münsingen durch das Schandental nach Ulm sowie über die Alb und durch das Lautertal nach Engstingen, und jeweils zurück, befahren – etwa alle zwei Stunden. Dabei ist übrigens der Transport von Fahrrädern zwischen Schelklingen und Engstingen kostenlos. Absoluter Höhepunkt – auch für Fotografen entlang der Strecke – ist die winterliche Fahrt mit einem Dampfzug durch die verschneiten einsamen Täler. Die Schwäbische Alb-Bahn dampft im Dezember

mit dem Bratapfelzügle, dem Nikolauszug (Knecht Ruprecht ist mit an Bord) und dem Christkindleszügle über die Alb.

Die Eisenbahnfreunde Zollernbahn fahren um Dreikönig mit Volldampf von Rottweil durch das Donautal auf die Albhochfläche. Dampflokomotiven-Sonderfahrten werden auch an Ostern, im Mai (Gourmet-Express) sowie an Pfingsten angeboten.

Der Reiz einer solchen Eisenbahnfahrt liegt aber auch in den noch komplett vorhandenen Bahnhöfen und Anlagen aus dem 19. Jahrhundert, die andernorts längst verschwunden sind - nicht so auf der Alb.

Der Wintermärchen-Express ist an fast allen Sonntagen im Januar und Februar zwischen Ulm und Engstingen unterwegs. Ab Schelklingen kann man bei heißem Punsch einer Märchenerzählerin zuhören. Schlitten und Ski dürfen übrigens kostenlos mitgenommen werden. Während der Sommerferien verkehrt er mittwochs, donnerstags und freitags als Sommerferien-Express und hat auch Platz für Fahrräder. Sechs Mal im Jahr fährt der Ulmer Spatz als „Spätzle-Express" sonn- und feiertags von Ulm über Münsingen und Kleinengstingen nach Trochtelfingen zum Nudelerlebniscenter Alb-Gold.

www.eisenbahnfreunde-zollern-alb.de; www.albbahn.de; www.bahnhof-muensingen.de

LAGE

Zwei im Jahr 2000 reaktivierte Eisenbahnlinien mit Bahnhöfen und Haltestellen zwischen Ulm und Gammertingen

ERREICHBARKEIT

Die Schwäbische-Alb-Bahn fährt zwischen Ulm und Kleinengstingen. Wieder in Betrieb genommene weitere Haltepunkte auf der etwa 42 km langen Strecke liegen in Schmiechen, Talsteußlingen, Hütten, Sondernach, Oberheutal, Münsingen, Grafeneck, Marbach, Gomadingen, Offenhausen und Kohlstetten.
Die Hohenzollerische Landesbahn hat die 22 km lange Strecke von Kleinengstingen nach Gammertingen (mit Anschluss nach Hechingen und Sigmaringen) für den Ausflugsverkehr reaktiviert. Haltepunkte sind: Haid, Alb-Gold, Trochtelfingen, Mägerkingen, Mariaberg und Bronnen.

FREIZEITPARK TRAUMLAND BÄRENHÖHLE

Von der Unter- in die Märchenwelt

Kein Wunder, dass die der Bärenhöhle namensgebenden tierischen Bewohner verschwunden sind – bei dem Trubel, der heute über ihren Köpfen herrscht: Das Traumland auf der Bärenhöhle ist ein vergnügliches Ausflugsziel für Familien vor allem mit kleineren Kindern. Dabei ist der Besuch der 292 m langen Tropfsteinhöhle für sich genommen schon ein großes Abenteuer. In der nach dem württembergischen König benannten, 1834 entdeckten Karlshöhle wurde 1949 eine Höhlenfortsetzung gefunden. Ihren Namen hat sie nach den zahlreichen Skelettfunden von Höhlenbären erhalten. Auch Hyänen lebten hier und vesperten Aas von Nashörnern und Löwen. Später fanden dann Steinzeitmenschen in der Höhle Unterschlupf. Nach dem Ausflug in die „Unterwelt", gibt's im Traumland viel Märchenhaftes und jede Menge Fahr- und Spielvergnügen: Schiffschaukel, Marienkäferbahn, fliegende Ballons oder das verhexte Schloss. Auf dem 40 m hohen Riesenrad hat man eine herrliche Aussicht. Schon seit Jahrzehnten ist das Märchenland der Renner bei Kindern: Hier warten Zwerge, Prinzessinnen, Wichtel und Feen auf die Kleinen. Ganz echt sind die Tiere im Streichelzoo, und für die ganz Kleinen gibt es einen Babyspielplatz mit Hüpfburg und Ballhaus. Stimmungsvoll geht's übrigens immer an Himmelfahrt zu, wenn das große Bärenhöhlen-Volksfest steigt.

Der Freizeitpark und die Bärenhöhle mit Café und Kiosk haben in der Regel von April bis Anfang No-

vember täglich zwischen 9-17:30 Uhr (ab Ende Oktober bis 17 Uhr) geöffnet. Im März und November kann die Höhle Sa, So und feiertags sowie in den Herbstferien besichtigt werden. Zum Schutz der Fledermäuse ist sie von Dezember bis Februar geschlossen. Für Selbstversorger gibt es zwei große Grillplätze.
www.freizeitpark-traumland.de

Tipp

Fünf Autominuten von der Höhle entfernt liegt am Erpfinger Ortsende Richtung Stetten u.H. die Sommerbobbahn mit Kletterpark. Auf einer Länge von 1.300 m geht es hier täglich zwischen März und November in 13 Steilkurven bergab. Kiosk, Raststätte und Skihütte haben zudem im Winter geöffnet, wenn der benachbarte Skilift in Betrieb ist. www.sommerbob.de

LAGE

Zwischen Sonnenbühl-Erpfingen und Engstingen

ERREICHBARKEIT

Der Freizeitpark bei der Bärenhöhle liegt in der Gemeinde Sonnenbühl beim Teilort Erpfingen. Anfahrt über Pfullingen, Engstingen oder Trochtelfingen Richtung Erpfingen. Von dort ist die Zufahrt zum großen Parkplatz ausgeschildert.

SKI-, SCHLITTEN- UND SNOWBOARD-PISTEN
Ski und Rodel gut!

Skilifte und Rodelbahnen auf der ZOLLERNALB

Albstadt-Ebingen – Der längste Schlepplift der Südwestalb. Lage: am südwestlichen Stadtrand von Ebingen, ab der B 463 in die Lerchenstraße. Höhendifferenz 160 m, Schlepplänge 650 m, variantenreiche Abfahrten auf 2 km, Kinderlift 60 m, Snowboarder-Funpark und Einkehrschwung-Pavillon. www.wsv-ebingen.de

Albstadt-Lautlingen – Einstiegslift für Anfänger. Lage: südlich von Lautlingen, von der B 463 im Ort Richtung Meßstetten auf die K 7151 abbiegen. Kurz vor Ortsende nach rechts in die Eisbachstraße abbiegen. Höhendifferenz 70 m, Pistenlänge 200 m, Kinderlift 100 m sowie Skihütte.
www.tsv-lautlingen.de

Albstadt-Onstmettingen/Ruchtal – Einstiegslift für Anfänger. Lage: Nordöstlich von Onstmettingen. Vom Ort Richtung Berghotel Zollersteighof. Höhendifferenz 50 m, Pistenlänge 200 m, ideal für Ski- und Snowboardanfänger und Kinder. Kiosk.
www.sc-onstmettingen.de

Albstadt-Pfeffingen – Kleinlift mit Pfiff. Lage: Im Gewann Kleinhölzle hinter der Alten Schule im Ortskern Pfeffingen, an der Kreuzung Richtung Zillhausen. Höhendifferenz 60-100 m, Pistenlänge 300 m + ein 150 m langes Steilstück, Kleiner Fun-Park. www.wsv-pfeffingen.de

Albstadt-Tailfingen – Erste FIS-Rennstrecke der Alb. Lage: Am Schlossberg im Schalkental, am Ortsende zu Beginn der Steige, Melbernsteigstraße, an der L 442 nach Neuweiler/Hausen. Schlepplänge 500 m, Familienstrecke

850 m, Alpinabfahrt 500 m, Snow-Funpark. Vereinsgaststätte und Après-Ski-Bar.
www.wsv-tailfingen.de

Albstadt-Truchtelfingen – Ideal für Kinder. Lage: Im Rossental, westlich von Truchtelfingen. In der Ortsmitte in die Rossentalstraße abbiegen, bis zum Parkplatz fahren. Höhendifferenz 50 m, Pistenlänge 250 m, einfacher Bügellift, mäßige Steigung.
www.sc-truchtelfingen.de

Burladingen – Ideal für Snowboarder. Lage: Am südwestlichen Ortsbeginn von Burladingen; Abfahrt von der B 32. Höhendifferenz 150 m. Breite Abfahrt mit moderater Neigung, kinderfreundlich.
www.skilschule-burladingen.de

Burladingen-Salmendingen – Mit Motorschlitten-Shuttle-Service. Lage: Am westlichen Ortsende von Salmendingen, an der K 7161 Richtung Ringingen/Parkplatz Kornbühl. Höhendifferenz bis zu

LAGE

Die Mittlere Alb ist in schneereichen Wintern ein ideales Ausflugsziel für Wintersportler, die mit der Familie nach kurzen Anfahrtswegen und für wenig Geld viel Spaß mit Ski, Schlitten oder Snowboards im Schnee haben wollen. Wer vom Flachland ins Mittelgebirge einfährt, findet über die gesamte Breite des nördlichen Teils der Alb eine große Auswahl an Abfahrtsmöglichkeiten. Die meisten Lifte sind mit Flutlicht ausgestattet und bieten Nachtfahrten an. Übrigens: 1.200 gespurte Loipenkilometer machen die Schwäbische Alb zu einem Loipenparadies ersten Ranges.

100 m. Drei Abfahrten mit 750 m Pistenlänge, Großlift, Übungslift und „Zauberteppich“ (Förderband für Kinder). Außerdem großer Rodel- und Übungshang. www.skilift-salmendingen.de

Winterlingen/Dickeloch – In ehrenamtlicher Hand. Lage: An der K 7173 zwischen Straßberg-Kaiseringen und Winterlingen. Höhendifferenz 50 m, Länge 300 m. Bewirtschaftetes Lifthäusle. www.wsv-winterlingen.de

Skilifte und Rodelbahnen auf der REUTLINGER ALB

Sonnenbühl-Erpfingen – Im Sommer Bobbahn. Lage: Westlich von Erpfingen, am südlichen Ortsende Richtung Stetten u.H. ins Melchinger Tal abbiegen. Höhendifferenz 70 m, zwei Skilifte für Anfänger und Kinder sowie für Fortgeschrittene und Snowboarder. Skihütte. www.sommerbob.de

Sonnenbühl-Genkingen – Mit „Babylift“. Lage: Westlich von Genkingen, in der Steige von Gönningen auf der K 6730 Richtung Roßberg. Höhendifferenz 40-90 m, Pistenlänge 300-700 m, drei Lifte für Fortgeschrittene, Anfänger und Einsteiger. Skihütte in der Talstation. www.skilift-genkingen.de

Sonnenbühl-Undingen – Kurze Abfahrt zum Einkehrschwung. Lage: Östlich von Undingen beim Kältepol. Am Ortsende nach Erpfingen durchs Gewerbegebiet Richtung Golfplatz. Pistenlänge 250 m, mit Rodelbahn. Rasthaus. www.skiundsnowboardschule-undingen.de

Sonnenbühl-Willmandingen – Ortsnahe Abfahrt. Lage: Im Gewann Längloch, direkt oberhalb des Friedhofs. Von Undingen kommend nach der Hauptkreuzung/Kirche links hoch in die Gottlieb-Sauer-Straße. Höhendifferenz ca. 50 m, Pistenlänge 350 m. Mit Rodelbahn und Skihütte. www.ssv-willmandingen.de

Lichtenstein-Traifelberg – Für alle Altersklassen. Lage: Am Ende der Honauer Steige der B 312 von Pfullingen nach Engstingen. Höhendifferenz 80 m, Pistenlänge 350 m. Zweierschlepplift, Rodelbahn 100 m abseits der Pisten, Skihütte. www.skilift-traifelberg.de

Lichtenstein-Holzelfingen – Die Wintersportarena. Lage: Östlich von Holzelfingen, Richtung Ohnastetten auf der K 6711, dann der Ausschilderung folgend nach rechts abbiegen. Die Skilifte Heutal und Salach bilden das einzige zusammenhängende Skigebiet der Alb mit Rodel-Park, Motorschlitten-Parcours, Snow-Tubing-Bahn, Kinder-Abenteuerland und zwei Skihütten. Vier Lifte, sechs Abfahrten (bis 900 m), Höhendifferenz 70 m, Pistenlänge 3 km. www.wintersport-arena.com

Engstingen/Kohltal/Weinberg – Im Doppelpack. Lage: Kohltal, östlich von Kleinengstingen, auf der B 312-Ortsdurchfahrt ausgeschildert. Die beiden Lifte liegen eng beieinander und werden von zwei verschiedenen Sportvereinen betrieben. Höhendifferenz bis zu 70 m, Pistenlänge 400-600 m, ein Schlepplift und ein Gipfellift, Kinderlift 120 m am Kinderhang (mit Schanzen). Rodelbahn 150 m. Zwei Skihütten. www.skilift-engstingen.de; www.tsv-kleinengstingen.de

Trochtelfingen/Hennenstein – Der kleine Übungslift. Lage: Zwischen Mägerkingen und Trochtelfingen, Anfahrt übers Industriegebiet. Höhendifferenz 30 m, Pistenlänge 30 m. Skihütte. www.ski-trochtelfingen.de

Trochtelfingen-Hausen – Der Alpinlift. Lage: In der Ortsdurchfahrt von Hausen bei der Kirche bergauf. Höhendifferenz 100 m, Pisten-

länge 1,8 km, zwei Abfahrten mit steilen 500 m (Buckelpiste) und alpinen 1 km, Freemountain.

Skilifte und Rodelbahnen auf der URACHER UND MÜNSINGER ALB

St. Johann-Upfingen/Beiwald – Gepflegte Nordhangpiste Lage: Auf halber Strecke der K 6700 zwischen Bad Urach-Sirchingen und St. Johann-Gächingen. Höhendifferenz 80 m, Pistenlänge 430 m, Doppelschlepplift, Snowboardpiste, Rodelhang. Gaststätte. www.skilift-beiwald.de

Münsingen/Ziegelhäuser – Der Familienfreundliche. Lage: Südlich von Münsingen, am Ortsende Richtung Lautertal/Buttenhausen, linker Hand. Höhendifferenz 50 m, Pistenlänge 350-600 m. www.muensingen.de

Münsingen-Dottingen – Höchste Abfahrt der Münsinger Alb. Lage: In Dottingen, von Münsingen kommend, ca. 500 m auf der Hauptstraße bis zur Kreuzung vor der Kirche, dort bergauf und ortsauswärts auf 850 m. Höhendifferenz 100 m, Pistenlänge 550 m (Steilhang 400 m), Rodelbahn. Kiosk. www.skilifte-dottingen.de

Mehrstetten/Böttental – Einziger Lift mit Ausgangspunkt Bergstation. Lage: Auf halber Strecke der Gemeindeverbindungsstraße zwischen Mehrstetten und Münsingen-Böttingen. Drei unterschiedlich schwere Abfahrtspisten, Höhendifferenz 50 m, Pistenlänge 250 m, Rodelbahn. Bewirtete Bergstation am Parkplatz. www.mehrstetten.de

Skilifte und Rodelbahnen auf der RÖMERSTEINER ALB

Böhringen – Der Abgelegene. Lage: Zwischen Böhringen und Donnstetten, rund 2 km ortsauswärts in einer Kurve nach rechts und 1 km zum Lift. Pistenlänge 300 m, kinderfreundlich. www.schiclub-huelben.de

Donnstetten mit Bobbahn – Einziger Alb-Lift mit Kunstschneebeschneiung. Lage: Westlich von Römerstein-Donnstetten, direkt an der B 465; Abzeigung L 252 nach Böhringen. Höhendifferenz 54 m, Pistenlänge 365 m, vier Lifte mit berührungslosem Kartenzugang, Schneekanonen, Rodelbahn. Gaststätte. www.skilift-donnstetten.de

Römerstein-Zainingen/Salzwinkel – Der Snowpark. Lage: Direkt an der B 465 zwischen Feldstetten, Donnstetten und der Abzweigung zur B 28 nach Zainingen. Höhendifferenz 60 m, Pistenlänge 400 m, drei Lifte, Snowpark für Freeski und Snowboard, Rodelbahn. Liftgaststätte. www.salzwinkel.de

Schopflocher Alb – Lifte mit Schnellabfertigung. Lage: Von der B 465 zwischen Lenningen und Donnstetten auf der L 1212 nach Schopfloch abbiegen, nach 800 m rechts). Höhendifferenz 30 m, Pistenlänge 1 km, drei Lifte für 500 m lange, leichte Strecke, 400 m mittel, 100 m schwere. Urige Einkehrhütte. www.skizentrum-pfulb.de

Bissingen-Ochsenwang – Mit familiärer Atmosphäre. Lage: Von Schopfloch auf der K 1250 nach Ochsenwang. An der Abfahrt nach Randeck/Hepsisau rechter Hand. Höhendifferenz 40 m, Pistenlänge 300 m, manuelle Liftbügel-Zuteilung.
www.skilift-ochsenwang.de

www.alblifte.de

WILDGEHEGE ENINGER WEIDE
Kleinster Tierpark der Alb

Der vermutlich kleinste Wildpark der Mittleren Alb liegt einen Steinwurf vom Albtrauf entfernt inmitten des Erholungsgebiets Eninger Weide. Im Wildgehege können das ganze Jahr Rothirsche und Wildschweine aus nächster Nähe beobachtet werden. Während die frei lebenden Wildschweine als Folge der intensiven Verfolgung durch den Menschen meist scheu und nachtaktiv sind, lässt die Eninger Rotte der Trubel um sie herum recht kalt. Wenn die Schwarzkittel nicht gerade den Boden nach Essbarem durchwühlen, oder die Bachen von ihren im Frühjahr geborenen Frischlingen gepiesackt werden, dösen sie gemütlich vor sich hin. Die abwechslungsreiche Landschaft hier oben ist ein Genuss, ihre Besonderheiten lernt man am besten entlang eines gut ausgeschilderten Wanderwegs mit Infotafeln kennen. Wenige Gehminuten nördlich des Geheges liegt auf leicht ansteigendem Pfad der schöne Aussichtspunkt auf dem Hannersteigfelsen (767 m) und mit etwas Glück kann der Flug des Wanderfalkens beobachtet werden. An der Zufahrt zur Eninger Weide erinnert das renovierte Weidetor an das einst hier untergebrachte NS-Ausbildungscamp. Zwischen 1950 und 1963 befand sich an der Stelle ein Flüchtlingslager für etwa 20.000 Heimatvertriebene. Eine Informationstafel dokumentiert diese Zeitgeschichte.

Wildgehege, Grillstellen sowie weitläufiger Kinderspielplatz sind frei zugänglich. Das Wanderheim

(Hausmachervesper, Kaffee und Kuchen) hat (außer im Januar) Sa, So und feiertags ab 9 Uhr geöffnet. Im Sommerhalbjahr auch Do und Fr ab 14 Uhr. www.eningen.de

Tipp

Eine weitere Attraktion auf der Eninger Weide ist der künstliche obere See des Pumpspeicherwerks Glems. Der Wasserhochspeicher fasst 900.000 Kubikmeter. Über eine 1,4 km lange Leitung wird das Wasser über einen Höhenunterschied von 283 m aus dem Unterbecken im Tal bei Glems in das Oberbecken gepumpt und wieder heruntergelassen, dabei wird Strom erzeugt.

LAGE

Das 25 Hektar große Erholungsgebiet der Eninger Weide mit Wildgehege und Albvereins-Wanderheim liegt auf der Albhochfläche beim Gestütshof St. Johann.

ERREICHBARKEIT

Über die L 380 von Eningen in Richtung St. Johann. Auf der Albhochfläche angelangt, befindet sich rechts bei einem Wanderparkplatz ein artenreicher Wildsträucher-Lehrgarten. Nach 500 m biegt links ein Sträßchen (Einbahnverkehr) zum Hauptwanderparkplatz „Eninger Weide" ab.

NATURERLEBNIS WIMSENER HÖHLE
Mit einem Boot in die Tiefe der Alb

Deutschlands einzige aktive Wasserhöhle – die Wimsener Höhle – liegt mitten auf der Schwäbischen Alb. Eigentlich heißt sie Friedrichshöhle, benannt nach dem gleichnamigen württembergischen Herzog, der sie 1803 besuchte. Eine Inschrift über dem Höhleneingang erinnert daran. Das Wasser, welches aus der Höhle strömt, ist ein Quellarm der Zwiefalter Aach, die über Zwiefalten in die Donau fließt.

Die ersten 70 m der insgesamt über 720 m langen Höhle lassen sich auf einer kurzen Abenteuerfahrt mit dem Boot erkunden, danach senkt sich die Decke bis zur Wasseroberfläche. Fachkundige Höhlenführer erklären im Boot die Entstehungsgeschichte dieser Höhle. Der Name Wimsen stammt von einer ehemaligen mittelalterlichen Siedlung, von der die alte Bannmühle aus dem 11. Jahrhundert übrig geblieben ist. Das Anwesen gehörte zum Kloster Zwiefalten.

Die Wimsener Höhle hat von Anfang April bis Ende Oktober geöffnet. Im Winterhalbjahr bleibt sie zum Schutz der Fledermäuse geschlossen. Öffnungszeiten sind täglich von 10-18 Uhr. Bootsfahrten in die Höhle dauern etwa zehn Minuten, im Boot haben zehn Personen Platz. Bei der Höhle gibt es einen schönen Wasserspielplatz, einige Grillstellen für Selbstversorger, Bioprodukte am Kiosk und im Gasthof Friedrichshöhle eine besonders nette Kinderspeisekarte. Von der idyllischen Terrasse aus sieht man im herrlich glasklaren Wasser unzählige Forellen schwimmen.

Die aufwendig sanierte Wimsener Mühle aus dem 11. Jahrhundert, die einst zum Kloster Zwiefalten gehörte, ist heute nicht nur Infozentrum des Biosphärengebiets, sondern auch Kulturdenkmal und Veranstaltungsstätte für ein buntes Kunst- und Kulturprogramm. Eine Dauerausstellung dokumentiert die Geschichte der Wimsener Mühlen sowie die der Friedrichshöhle. www.wimsen.de; www.tress-gastronomie.de

Tipp

Von der Mühle entlang der wildromantischen, forellenreichen Aach führt ein wunderschöner, alter Mönchspfad über den kleinen Ort Gossenzugen, an einem Biberbau vorbei, zum Kloster Zwiefalten. Die 3,5 km lange Strecke ist ebenerdig und auch für Kinderwagen geeignet. In Zwiefalten (= zweigeteilte Aach) vereinigt sich der Bach mit der rund 600 m langen Kessel-Aach, bevor diese nach 9 km bei Zwiefaltendorf in die Donau mündet.

LAGE

Zwischen Hayingen und Zwiefalten-Gossenzugen

ERREICHBARKEIT

Wimsener Wasserhöhle, Mühle sowie der Gasthof Friedrichshöhle sind über eine Abfahrt der L 245 zwischen Hayingen und Zwiefalten zu erreichen. Großer Parkplatz vor Ort.

BERGRUTSCH AM MÖSSINGER HIRSCHKOPF
Ein ganzer Berg rutscht

Es war der größte Bergrutsch seit mehr als 100 Jahren in Baden-Württemberg: Nachdem es im April 1983 tagelang geregnet hatte, war der Albtrauf am Mössinger Hirschkopf so aufgeweicht, dass innerhalb weniger Stunden 5 bis 6 Millionen Kubikmeter Geröll und Erde mit einem Gewicht von 10 Millionen Tonnen in Bewegung gerieten und abrutschten. Dem Menschen wird hier imposant vor Augen geführt, wie die Rückverlagerung der Schwäbischen Alb nach Süden vonstattengeht: Durchschnittlich bröckeln jedes Jahr immer nur wenige Millimeter Albtrauf ab – aber das passiert nun schon seit Millionen von Jahren, denn damals reichte die Alb bis nach Stuttgart. Hier am Hirschkopf waren es an der tiefsten Stelle unglaubliche 32 m in wenigen Stunden. Der Bergrutsch vor über dreißig Jahren war ein „Sturz in den Anfang", weil sich aus einer öden Kieswüste - „eine biologische Nullzone" - erst wieder Leben entwickeln musste. Zahlreiche, teils bereits vom Aussterben bedrohte Tier- und Pflanzenarten fanden im Rutschgebiet wieder einen neuen Lebensraum vor und waren einige Jahre lang dort anzutreffen. Allerdings setzte auch hier ein ganz natürlicher Verdrängungsprozess ein, durch den die Artenvielfalt im Bergrutschgelände wieder abnimmt. Das Betreten ist bis auf einen kleinen Rundwanderweg verboten.

Besucher des zum Nationalen Geotop erklärten Mössinger Bergrutsches werden vom einzigen Bergrutschführer Deutschlands betreut: Armin Dieter ist täglich – je nach Witterung – buchbar. Er führt wahlweise in 2- oder 2,5-stündigen Kurzexpeditionen in das Rutschgelände. Bei allen Führungen (1-3 km) zeigt er anhand mitgebrachter, großformatiger Fotos die Entwicklung des Rutschgeländes.
Armin Dieter: Tel. 0 74 73/68 30; www.alberlebnis.de; www.moessingen.de

Tipp

Im Juni 2013 hat sich unweit der Talheimer Sportgaststätte ein weiterer Bergrutsch am Albtrauf zugetragen. Das Betreten des sich noch in Bewegung befindlichen Geländes ist verboten: Wegen versteckter Spalten und Hohlräume und unter Spannung stehender, verkeilter Bäume besteht Lebensgefahr. Aber aus sicherer Entfernung hat man einen guten Blick auf die sogenannte „Nullzone", wie sie sich am großen Bergrutsch vor dreißig Jahren dargestellt hat.

LAGE

Am Albtrauf zwischen Mössingen, Talheim und Salmendingen

ERREICHBARKEIT

Das seit 1983 in Bewegung geratene Bergrutschgelände liegt an der Verbindungsstraße zwischen dem Talheimer Sportplatz und dem Mössinger Freizeitgelände Olgahöhe/Abzweigung nach Belsen. Die Anfahrt zum wenige Gehminuten vom Rutschgebiet entfernten Parkplatz ist von Talheim her ausgeschildert. Seit 2012 führt einer der zehn schönsten Wanderwege Deutschlands - der „Dreifürstensteig" - vom Olgahöhe-Parkplatz mit Grill- und Spielanlage und toller Aussicht zunächst über den Dreifürstenstein (853 m) und auf dem Rückweg am Bergrutsch vorbei. Wer nicht die gesamten 13 km bis auf die Albhochfläche und zurück laufen möchte, sollte entgegengesetzt des gut ausgeschilderten Rundkurses starten. Hierfür folgt man dem Mössinger Panoramaweg durch Streuobstwiesen und umrundet den Farrenberg östlich Richtung Talheim zum Bergrutschparkplatz (Wegstrecke 6 km). Von dort führt ein Weg in das Naturschutzgebiet und ein steiler Wanderpfad hoch über die Rutschfläche.

BEURENER HEIDE
Juwel der Zollernalb

Der kleinste und gleichzeitig höchstgelegene Stadtteil Hechingens ist das 180-Einwohner-Dorf Beuren. Bei diesem alten zollerischen Flecken liegt vielleicht das landschaftlich außergewöhnlichste Juwel der Zollernalb – die Beurener Heide. Wegen seines vielfältigen Artenbestandes ist das rund 32 Hektar große Schutzgebiet am Albtraufhang ein Eldorado für Naturfreunde – dank der Schafbeweidung seit dem 19. Jahrhundert. Rund 340 Pflanzenarten sind bislang entdeckt worden, darunter 65 gefährdete. Allein die ungewöhnliche Vielfalt an Orchideen bringt Besucher im Frühsommer ins Verzücken; ebenso die bunt blühenden Heidepflanzen. In der nach Südwesten ausgerichteten Heide herrscht ein besonders warmes Kleinklima, weil kalte Winde, die in der Regel aus nordöstlicher Richtung auf die Alb treffen, von den Steilhängen des Dreifürstensteins abgeschirmt werden, gleichzeitig aber für reichlichen Niederschlag sorgen. Dadurch kommt es zu zahlreichen Quellaustritten zwischen dem durchlässigen Kalkhangschutt und dem darunter beginnenden Braunjuragestein. Und das wiederum ist der Grund, warum man mitten in der Alb-Wacholderlandschaft plötzlich auf kleine Moorflächen stößt. Diese besonderen Kalkflachmoore sind mit ihren Pflanzengesellschaften in Mitteleuropa heute kaum noch anzutreffen. Die ebenso artenvielfältige Tierwelt bietet den Lebensraum für zahlreiche Amphibien. Von den in Baden-Württemberg beheimateten fünf Schlangenarten durchschlängeln gleich drei die Beurener Heide: Ringelnatter, Kreuzotter und Schlingnatter.

Informationstafeln an markanten Punkten der Wege.
www.hechingen.de

Tipp

Das reine Wohndorf Beuren lebt ein wenig von den Ausflüglern, die hier Station machen. Zur Stärkung nach der Wanderung bietet sich eine Einkehr im Gasthaus „Dreifürstenstein" mit Gartenwirtschaft an - Spezialität sind hier die handgemachten Maultaschen-Variationen. Täglich ab 9 Uhr. Oder man schlemmt im „Jockele" Wildspezialitäten aus Beurener Jagd (außer Mo + Di) täglich ab 12 Uhr.
www.dreifuerstenstein.de;
www.hechingen.de/Tourismus+Kultur

LAGE

Östlich von Hechingen-Beuren unterhalb der Traufkante des Dreifürstenstein

ERREICHBARKEIT

Das Naturschutzgebiet Beurener Heide (620 bis 720 m) liegt auf halber Höhe zwischen dem Albtrauf (850 m) und dem Starzeltal (515 m). Von Hechingen-Starzeln und Mössingen-Belsen führen Straßen in Serpentinen zum kleinen Dorf Beuren. Der Ortsdurchfahrt folgend gelangt man dorfauswärts zu einem großen Wanderparkplatz mit Spiel- und Grillmöglichkeiten. Von dort läuft man auf gutem Wegenetz zunächst aufwärts bis an den Waldrand und dann quer über die Heide.

BEUTENLAY
Miniaturspiegelbild der Alb

Ein Miniaturspiegelbild der Mittleren Alb verbirgt sich auf dem unscheinbaren, lang gezogenen Hausberg von Münsingen an der Bundesstraße von Münsingen Richtung Bremelau. Auf 100 Hektar Fläche leben verschiedene Wald- und Pflanzengesellschaften nebeneinander. Inmitten dieser Vielfältigkeit liegt das interessante Feld-Flora-Reservat, in dem die seit 800 n. Chr. betriebene Dreifelderwirtschaft auf der Alb dargestellt wird: Winterfrucht, Sommerfrucht und Brachfläche. Erweitert wird diese klassische Form durch den zusätzlichen Anbau von Emmer und Einkorn, einst die wichtigsten Kulturpflanzen der Jungsteinzeit. Wunderschön anzuschauen sind das blühende Leinfeld und die zahlreich

leuchtenden Getreidebegleiter Kornblume und Klatschmohn. Auf dem Beutenlay fallen urige, mehrstämmige und ausladende Weidebuchen auf, die man auch Hutebuchen nennt. In den alten Bäumen spiegeln sich die Zeiten wider, in denen das Vieh noch in den Wald getrieben wurde, um sein Futter selbst zu suchen. Daraus entwickelten sich dann im Laufe der Zeit ganz offene Landschaften mit prächtigen Solitärbäumen - die Jungpflanzen wurden ja alle gefressen. Unzählige Schmetterlinge und Insekten bevölkern dieses herrliche Areal, zu dem auch eine große Wacholderheide gehört. Gelber Enzian, Kreuz-Enzian und Frühlingsenzian blühen auf der Wiese um die Wette, Silberdistel und Küchenschelle mischen sich darunter.
Im Arboretum sind etwa 40 verschiedene Baumarten gepflanzt. Neben einheimischen Arten entdeckt man auch jede Menge „Exoten" – bis hin zum Mammutbaum.

Ein Rundweg von 3 km führt durch das bis zu 800 m hoch gelegene Naturreservat Beutenlay. Auf der Strecke quert man bei leichten An- und Abstiegen typische Alb-

Landschaftsformen wie Wacholderheide, Buchenwald, Wiesen und Weiden. Im Gelände befinden sich auch ein Arboretum sowie ein Strauchlehrpfad.
www.muensingen.de

Tipp

Im Münsinger Bahnhof ist das Infozentrum für Natur, Umwelt und Tourismus sowie für den Geopark Schwäbische Alb untergebracht. Hier bekommt man viele spannende Informationen, kann eine nostalgische Bahnfahrt buchen oder regionale Produkte probieren und kaufen. Geöffnet ist von Mai bis Oktober, Mi + Fr von 9-12 Uhr, Sa von 10-15 Uhr sowie an So und Feiertag von 10-17:45 Uhr.

LAGE
Am südlichen Stadtrand von Münsingen, direkt an der B 465

ERREICHBARKEIT
Wanderparkplatz an der Ferienanlage Hopfenburg, Richtung Bremelau

KÄLTEPOL SONNENBÜHL

Einer der kältesten Punkte in Baden-Württemberg

Der kälteste Ort in Baden-Württemberg lag lange Zeit in einem abgeschiedenen Trockental südlich von Schloss Lichtenstein. Dann lief ihm das Degerfeld bei Bitz auf der Zollernalb den Rang ab. Sowohl das Rinnental (rund 735 m) wie auch das Degerfeld (867 m) sind Senken in großer Höhe, bei denen es kaum Luftbewegungen gibt. So wird die Bodenwärme in sternenklaren Nächten mit wenig Wind in den Himmel abgestrahlt, während die kalte Luft, die schwerer ist, sich an den tiefsten Punkten sammelt. Weil das Degerfeld rund 130 m höher als das Rinnental liegt, entstehen hier tiefere Temperaturen. Anderseits sind Temperaturschwankungen zwischen Nacht und Tag von bis zu 30 °C keine Seltenheit.

Die Doline Weidenwang (790 m) ist eine Besonderheit: Im Krater gibt es bis zu 220 Tage im Jahr Bodenfrost. Im Winter sind schon mal -44°C gemessen worden, in Sommernächten -6°C. Dolinen entstehen, wenn die Decken von unterirdischen Karsthöhlen einbrechen. In ihnen herrscht ein völlig anderes Kleinklima, als in der Umgebung - was sich natürlich in der Flora und Fauna widerspiegelt. So wächst in dem Weidenwang-Trichter ein arktisches Moos. Die eigentümliche Vegetation rund um die Doline verändert sich innerhalb eines Radius von 30 m, als wären dazwischen 1.500 m Höhenunterschied.

Die Gemeinde Sonnenbühl hat im Großen Rinnental rund um die Kalksteinfelsen einen 9 km langen Klimaweg mit 12 Stationen angelegt. Direkt am Wanderparkplatz steht eine Übersichtstafel. Lassen Sie sich durch die verschiedenen Klimazonen der Erde führen, verstehen Sie den Einfluss, den das Klima bei der Entstehung der Alb hatte und welchen Einfluss der Mensch auf das Klima hat.
www.sonnenbuehl.de

Tipp

Der Klimatologe Roland Hummel aus Engstingen, der die beiden Messstationen betreibt, bietet Wetterführungen zu den beiden Extremklimastationen an. Bei der Exkursion gibt's jede Menge Hintergründe über Meteorologie und Geologie auf der Alb. Kontakt: Tel. 0 71 29/71 47; www.wettering.de

LAGE

Das Große Rinnental verläuft östlich von Sonnenbühl-Undingen zwischen Skilift und Golfplatz. Die Doline Weidenwand liegt zwischen Golfplatz und Schloss Lichtenstein.

ERREICHBARKEIT

Das lang gezogene trockene Rinnental mit der dortigen Wetterstation erreicht man vom Ortsende Undingen Richtung Erpfingen: Hier nach links und durch das Gewerbegebiet Richtung Skilift (Parkplatz) fahren. Das felsige Rinnental quert nach 500 m die zum Golfplatz weiterführende Straße. Zum Kältepunkt in der Doline Weidenwand gelangt man vom Parkplatz des Golfclubheims aus. Man folgt dem geschotterten Feldweg am Waldrand entlang des Golfplatzes. Nach 1,2 km geht es an einer Wegekreuzung geradeaus durch den Wald in einen Talkessel, der durch einen Rundweg erschlossen ist. Links herum erreicht man nach 700 m die Abzweigung zur Messstation in einem Tannenwäldchen. Nicht weit davon liegen die tiefen Dolinenschächte.

VULKANMAAR EISENRÜTTEL
Kompass spielt verrückt

Als sich durch die Verschiebungen der Kontinentalplatten vor etwa 60 Millionen Jahren die Gebirge auffalteten, riss die Erde unter der Schwäbischen Alb bei Bad Urach auf und bot den im Erdinneren wirkenden heißen Gesteinen vor rund 16 Millionen Jahren die Möglichkeit, die Deckschicht des Jura-Gesteins zu durchschlagen und „Dampf abzulassen". Von den in dieser Region über 355 nachweislichen Vulkanschloten zählt der Eisenrüttel zu den außergewöhnlichsten. Trotzdem ist er eigentlich nur den Einheimischen bekannt. Dabei hat der Eisenrüttel mit einer Fläche von 7 ha das größte Basaltvorkommen des gesamten „Schwäbischen Vulkans" vorzuweisen. Das vulkanische Eisen überlagert das natürliche Magnetfeld der Erde. Diese Störungen bringen jeden Kompass durcheinander! Das hat man schon im Spätmittelalter bemerkt und den Versuch gestartet, Eisen abzubauen. Ende des 18. Jahrhunderts wurde der Bergbau eingestellt. Mit Beginn des Eisenbahnzeitalters gewann der Eisenrüttel mit seinem harten Basaltgestein für den Bahn- und später für den Straßenschotter wieder an Bedeutung. Bis 1900 wurde er im staatlichen Basaltquetschwerk in Georgenau (Ermstal bei Bad Urach) verarbeitet. Das insgesamt 750 m lange und 600 m breite Maar besteht aus vier kleineren Teilschloten. Die Spuren des Bergbaus haben das Gelände jedoch stark verformt, und in den Steinbrüchen oberhalb des wasserundurchlässigen Urgesteins haben sich Tümpel gebildet. Die Nachbarschaft von moorigen und trockenen Bereichen führte beim Eisenrüttel zu einem einzigartigen Mosaik von Flora und Fauna.

Das Vulkan-Maar innerhalb des Naturschutzgebietes Höhnriß-Neuben ist über Trampelpfade frei zugänglich.

Tipp

Der vielleicht schönste Aussichtsberg der Mittleren Alb – die Schwende – liegt 500 m Luftlinie östlich des Eisenrüttels. Man folgt der Straße von Dottingen Richtung Sirchingen bis auf die Kuppe und biegt an der Kreuzung rechts Richtung Rietheim ab. Am Waldausgang liegt ein Grillplatz. Hier einfach den fantastischen Ausblick genießen.

LAGE

Rund 1,5 km nordwestlich von Münsingen-Dottingen

ERREICHBARKEIT

Die Verbindungsstraße von Dottingen nach Sirchingen führt direkt an dem im Wald liegenden Vulkan-Maar Eisenrüttel vorbei (Parkmöglichkeiten auf der Anhöhe). In Dottingen bei der Kirche bergwärts am Skilift vorbei bis zu einer Senke unterhalb des beginnenden Maares. Links der Straße liegen mehrere Dolinen in den Wiesen. In einer versickert das aus dem mittleren Eisenrüttel entspringende Wasser. Diese Quelle liegt rund 450 m westlich der Straße. Auf der Hochfläche gelangt man über einen Waldweg zur zweiten Quelle des nördlichen Eisenrüttels. Sie ergießt sich in die bis 20 m tiefe Senke eines 500 m² kleinen Sees.

HANGENDER STEIN AM RAICHBERG

Warten auf den großen Felssturz

Soviel ist sicher: Es wird einen gewaltiger Bergsturz geben, wenn der Hangende Stein eines Tages 300 m tief in die Schlucht des Bärentales krachen wird: Riesige Klüfte durchziehen den 923 m hohen östlichen Hang des Raichberges. Auf einer Länge von rund 1.000 m hat sich eine anstehende Felswand vom Plateau gelöst. Den spektakulärsten Abschnitt bildet eine etwa 2 m breite Abrisskluft, die bis zu 30 m in die Tiefe führt. Unterhalb eines Steges, der über die Schlucht führt, öffnet sich die 25 m tiefe Hohenzollernhöhle. Von den schwindelerregenden Aussichtspunkten mit Blick über das obere Killertal bis zum Roßberg und Sternberg bei Münsingen, führt der Weg am Albtrauf entlang nach Norden in Richtung Zollernburg-Blick – dabei läuft man auf mehreren 100 m parallel zu gewaltigen Abbruchschollen. Bereits 1879 waren rund 315.000 Quadratmeter Fels vom Hangenden Stein abgebrochen, der Traufhang ist deshalb mit vielen meterdicken Felsbrocken überzogen.

Das bewirtschaftete Wanderheim Nägelehaus mit Gartenterrasse bietet hervorragende schwäbische Küche, hat ganzjährig geöffnet, Mo + Di geschlossen. Es gibt mehrere Grillplätze und unterhalb des Gipfels steht ein Schau-Kohlemeiler des Schwäbischen Albvereins.
www.naegelehaus.de

Tipp

Ein beeindruckendes Rundschaupanorama bietet – vor allem bei Sonnenuntergang – der Blick vom 22 m hohen Raichbergturm (meist geöffnet, Schlüssel ggf. im nahegelegenen Nägelehaus holen). Neben der regionalen Berglandschaft hat man bei klarem Wetter Alpenblick. Der Schwarzwald zeigt sich vom Feldberg bis zur Hornisgrinde und im Norden sieht man bis zum Stromberg – dem 470 m hohen Höhenzug hinter Pforzheim.

LAGE

Nördlich von Albstadt-Onstmettingen an der Ostseite des Albtraufs

ERREICHBARKEIT

Von Onstmettingen führt eine Straße zum Höhengasthof Nägelehaus mit Aussichtsturm auf dem Raichberg (956 m). Der wenige hundert Meter lange Weg zum Geotop „Hangender Stein" ist als Teil des Premiumwanderweges Zollern-Raichberg ausgeschildert. Der Rundweg führt am Albtrauf entlang und glänzt mit beeindruckenden Aussichten auf die Burg Hohenzollern.

VULKANBERG JUSI
Größter Vulkanschlot der Schwäbischen Alb

Eine Riesenparty hat die Schwäbische Alb vor 16 Millionen Jahren gefeiert: Dieser bildliche Vergleich drängt sich auf, angesichts der 355 Vulkanschlote, die es 25 km rund um Urach gibt (siehe Kapitel Vulkan-Maar Eisenrüttel). Denn im Prinzip hat sich unter der Erdoberfläche genau dasselbe zugetragen, was beim Öffnen warmer Flaschen Champagner passiert, die vorher ordentlich geschüttelt worden sind. Damals ist bei der explosiven Eruption von gasreichen Magnen ein senkrechter Sprengtrichter entstanden, dessen kegelförmiger Körper sich später wieder gefüllt hat. Dem aufmerksamen Spaziergänger fallen auf dem Gipfel allerlei Fremdgesteine auf - so kann man Granit- oder Gneisteilchen finden, die aus dem mehr als 2 km tiefer liegenden Grundgebirge stammen. Der Jusi ist der größte Vulkanschlot des Uracher Vulkangebietes. Er enthält im Gegensatz zu seinen drei kleineren Schlot-Nachbarn (Metzinger Weinberg, Florian und Grafenberg) neben Tuffstein auch Basalt. Als Jusenberg bildet er den Abschluss eines schmalen, rund 4 km langen Bergrückens, der bei Hülben mit der Albhochfläche verbunden ist. Augenfällig ist das östlich angrenzende „Hörnle", dessen Nordseite zur Hälfte beim Kalksteinabbau abgetragen worden ist. Beide Berge sind Naturschutzgebiete und bieten einer selten gewordenen Flora und Fauna wichtige Lebensräume - insbesondere der als Schafweide genutzte Kalkmagerrasen mit den ihn umgebenden Buchen- und Eichenwäldern. Der mühevolle Aufstieg, vorbei an Schlehenhecken und Enzianwiesen, wird mit einer fantastischen Aussicht belohnt, die von der Hornisgrinde im Nordschwarzwald über den Schwäbischen Wald bis zu den drei Kaiserbergen reicht.

Kappishäusern am Jusi ist mit 500 m das höchstgelegene Weindorf Deutschlands! Die Verwitterungs-

böden des Basalttuffs sind mineralisch und verleihen den Silvanerreben einzigartige Noten. Das vulkanische Gestein erwärmt sich schnell und wärmt die Pflanzen auch nachts.
www.neuffen.de; www.kohlberg.de

Tipp

Die thermische Aktivität, die zu den Vulkaneruptionen geführt hat, liegt heute im Schlummerzustand tief unten im Erdreich. Doch die Thermalbäder Beuren und Bad Urach nutzen die Wärme aus einer Tiefe von 770 m für ihre vielseitigen Gesundheitsbäder. Die Quelltemperatur liegt bei 61 °C. Täglich werden rund 1 Mio. Liter Wasser ausgestoßen, die auf angenehme 32-38 °C Badetemperatur abgekühlt werden müssen. www.beuren.de; www.albthermen.de

LAGE

Südlich der Gemeinde Kohlberg

ERREICHBARKEIT

Am Ortsende von Kohlberg Richtung Kappishäusern/Metzingen liegt an der K 1210 der Wanderparkplatz am Rande des Naturschutzgebiets Jusi. Von 500 Höhenmeter beim dortigen Wasserbehälter geht es auf einem Pfad auf die Gipfelhöhe von 673 m. Hier oben befinden sich auch zwei schöne Grillstellen und eine Schutzhütte.

OBERES SCHMIECHTAL
Felsquelle und Schluchtwald

Eine 40.000-jährige Besiedlungsgeschichte, urige Albbüffel, ornithologische Kostbarkeiten – das Schmiechtal vereint wildromantische und felsige Landschaften mit archäologischen Schätzen. Im Hohlen Fels bei Hütten ließen Jäger der Altsteinzeit über 200 Werkzeuge im Höhlenboden zurück. Rund 700 m Luftlinie entfernt, in der 28 m langen Bärentalhöhle am Eingang des gleichnamigen 1,5 km langen Seitentals hausten dagegen die Raubtiere. Das Bärental ist eine der wildromantischen und spaltenreichsten Schluchten der Mittleren Alb. Es beginnt auf der Hochfläche als weite Mulde und endet als tief eingeschnittener Ahorn-Eschen-Schluchtwald.

Die Schönheiten des 121 Hektar großen Naturschutzgebietes Oberes Schmiechtal beginnen bereits mit der besonderen Felsquelle im Weiler Springen. Aus einer kleinen Felsnische entspringt das Flüsschen Schmiech und treibt unmittelbar nach dem Austritt zwei Mühlen an. Ein sehr schöner geologischer Aufschluss ist im gegenüberliegenden alten Steinbruch zu sehen. In den vielen Felsspalten haben selten gewordene Pflanzen und Tiere wieder ihren Lebensraum gefunden. Rund 1 km flussabwärts von Hütten kommt man bei Talsteußlingen an dem sehr sehenswerten Mühlrad der ehemaligen Schlossmühle aus dem Jahr 1911 vorbei. Am Pumpwerk Schwarze Weiher, kurz vor der Abzweigung nach Sondernach, liegt ein Feuchtgebiet, das die Reste eines waldfreien Niedermoors beherbergt. Die drei Wacholderheiden beidseitig des Tals (vor allem oberhalb von Sondernach) sind ein Eldorado für Schmetterlings-Liebhaber, über achtzig Arten sind bekannt. Vogelfreunde dürfen über die rund vierzig Vogelarten beidseitig des Flusses staunen.

www.schelklingen.de

Tipp

Erste Albwasserversorgung, Schwäbische Alb-Bahn, Schmiechener See, Wiege der Menschheit: Appetitanreger für Erkundungen in der Region gibt es im neuen Informationszentrum des Biosphärengebiets Schwäbische Alb in Hütten. Neben modernen Schautafeln und einer interaktiven Karte gibt es spannende Hör- und Filmbeiträge über das Tal, seine Höhlen, Quellen und Kirchen. Untergebracht ist die Ausstellung im alten Schulhaus, Mühlstraße 5. Öffnungszeiten: Mai bis Oktober, an Sonn- und Feiertagen von 10-16 Uhr. www.schelklingen.de/informationszentrum

LAGE

Das 14 km lange Obere Schmiechtal umfasst die Gemarkungen der Schelklinger Teilorte Springen, Gundershofen, Hütten und Sondernach.

ERREICHBARKEIT

Von Münsingen erreicht man das Schmiechtal über die K 7410 von Böttingen oder über die K 7409 von Mehrstetten in Richtung Schelklingen. Die Schmiechquelle liegt am Ortsanfang Springen, neben der Straße. Das höhlenreiche, nur für Fußgänger erreichbare Bärental, zweigt in der ersten Kehre der Steige von Hütten nach Justingen ab. Vom Parkplatz in der Ortsmitte sind es nur wenige Gehminuten. Die Hohle-Fels-Höhle liegt am Ortsende von Hütten, nach 500 m gut sichtbar oberhalb des südlichen Talweges.

RANDECKER MAAR
Vulkanschlot aus der Urzeit

Vor 17 Millionen Jahren bestimmten Vulkane im heutigen Gebiet zwischen Bad Urach und der Burg Teck das Landschaftsbild. Flüssige Lava floss auf der Alb aber nicht über die Oberfläche, sondern wurde lediglich durch den Gasdruck an manchen Stellen nach oben geschleudert. Bei Ochsenwang war eines dieser Zusammentreffen von heißer Magma mit kaltem Grundwasser, das zu einer gewaltigen Wasserdampfexplosion führte, bei der ein Krater mit 1,2 km Durchmesser aus der Alb herausgesprengt wurde. Im Laufe der Zeit füllte sich die Senke mit einem See, dem sogenannten Maar. Weil das Gewässer verlandete, spricht man auch von einem Trockenmaar. Viele pflanzliche und tierische Fossilien geben Zeugnis vom Leben im und um den See. Der Rückzug der Alb durch Erosion hatte irgendwann auch den Krater erreicht: Der nordöstliche Einschnitt ist mittlerweile abgetragen und öffnet sich zum Albvorland hin. Die vormals steilen Innenwände des Vulkans sind abgeflacht und wurden jahrhundertelang als Weidefläche genutzt. Deshalb kann man vom Tal durch den Krater auf eine gleichförmig unbewaldete, ansteigende Landschaft schauen, während der Albtrauf steil ansteigt.

Genau dieser Einschnitt bildet eine ideale Flugschneise für Zugvögel, die gezielt ihre Route über das Maar wählen, weil sie so den Höhenunterschied von bis zu 500 m mit weniger Kraftaufwand meistern können. Zwischen Ende August und Anfang November können die ziehenden Vögelschwärme auf ihrem Weg gen Süden beobachtet werden. Dabei erfasst eine kleine Forschungsstation auch die ebenso wandernden Insekten. Das 110 ha große Gebiet ist heute Nationales Geotop. Ausgetrocknet ist das Maar freilich nicht: Über zwanzig Quellen liegen im 100 m tiefen Erosionskessel und bringen dem hier entspringenden und durch eine malerische Schlucht verlaufenden Zipfelbach ständig Zulauf.

Einkehrmöglichkeiten in Ochsenwang oder im 400 m vom Krater entfernten Landgasthof Albengel (Torfgrube 6) mit regionaler Küche (Ruhetage Mo + Di). Wanderweg mit Informationstafeln verläuft entlang des Kraterrandes.
www.randecker-maar.de; www.albengel-otto-hoffmeister-haus.de

Tipp

Am Grund des rund 130 m tiefen urzeitlichen Kratersees fanden sich einzigartige Fossilien von Elefanten, Giraffen, Nashorn und vielen subtropischen Pflanzen. Sie können im Urwelt-Museum Hauff in Holzmaden, im Städtischen Museum im Kornhaus Kirchheim/Teck sowie im Staatlichen Museum für Naturkunde in Stuttgart bestaunt werden. www.urweltmuseum.de; www.kirchheim-teck.de; www.naturkundemuseum-bw.de

LAGE

Am Albtrauf östlich von Bissingen-Ochsenwang

ERREICHBARKEIT

Der ehemalige Vulkanschlot – das Randecker Maar – wird von der Kreisstraße zwischen Schopfloch und Hepsisau durchquert und von der Landesstraße zwischen Schopfloch und Ochsenwang gestreift. Zahlreiche Parkmöglichkeiten sind ausgeschildert.

RUTSCHENFELSEN
Atemberaubende Steilkante

Die bedeutendste Felsbildung der Uracher Alb sind die Rutschenfelsen – ein spektakulärer senkrechter Wandabbruch. Zwischen 60 und 90 m geht es hier steil in die Tiefe. Phänomenal ist die Aussicht über die Uracher Berg- und Tallandschaft bis hin zu Burg Teck und Hohen Neuffen. Unmittelbar vor einem liegt die Ruine Hohenurach. Die Plätze auf den beiden herrlichen Aussichtsbänken sind heiß begehrt.
Eine Besonderheit ist die große Mulde 200 m unweit der Traufkante: Dort entspringt in einem von Bäumen umringten Erdtrichter eine nie versiegende Quelle – der Rutschenbrunnen. Das Wasser in diesem ehemaligen Vulkantrichter versickert nach wenigen Metern und kommt im Tal wieder zum Vorschein. Fließendes Trinkwasser so hoch auf der Alb – das hat schon die Kelten angezogen; in den Äckern finden sich noch heute 2.500 Jahre alte Tonscherben. Im Mittelalter lag hier das Dorf Burghausen, eine Vorsiedlung der Höhensiedlung auf dem Runden Berg. Der Name „Rutschen" kommt übrigens von einer Holzrutsche, über die man bis 1797 gefällte Bäume hinab ins Tal gleiten ließ (allerdings am Hanner Felsen, 2 km östlich).

Das Naturfreundehaus (mit Übernachtungsmöglichkeit und Terrasse) ist Sa von 10-20 Uhr, So von 9-18 Uhr bewirtschaftet. Es gibt Maultaschen, Vesper und Kuchen.
www.rohrauer-huette.de;
www.badurach-tourismus.de

Tipp

Auf dem Runden Berg stand eine der frühesten Hochadelsburgen Süddeutschlands. Viel ist davon heute nicht mehr zu sehen, einige Fundamente und Infotafeln geben aber anschaulich die wechselvolle Besiedelungsgeschichte wieder. Auf dem Plateau befanden sich mehrere vor- und frühgeschichtliche Höhensiedlungen: Die ältesten Ausgrabungsfunde stammen aus der Frühen Bronzezeit. Danach war das

Plateau keltischer Fürstensitz, später ließen sich die Alamannen auf dem Berg nieder, die wiederum wurden von den Franken vertrieben. Ab Mitte des 11. Jahrhunderts war der Berg dann endgültig verlassen.

LAGE

Nördlich von St. Johann-Bleichstetten; oberhalb von den Gütersteiner und Uracher Wasserfällen

ERREICHBARKEIT

Die markanten Rutschenfelsen (760 m) erreicht man über die Hochebene von drei möglichen Wanderparkplätzen aus:
Vom Gestütshof St. Johann - 1 km über den Alleenweg zum Fohlenhof, dann parallel zum Albtrauf 1 km zur Rohrauer Hütte (Naturfreundehaus), von dort 200 m zu den Felsen. Hier zweigt ein Fußweg zum Ausläufer des Runden Bergs (bedeutende Höhenburg) ab, den man über einen 200 m langen schmalen Sattel erreicht.
Von Bleichstetten Richtung Bad Urach - am Ortsende vom ersten Parkplatz (links) an der K 6708 auf geteerter Straße 2,5 km zur Rohrauer Hütte.
Von einem Waldparkplatz, ca. 2,5 km nach Bleichstetten Richtung Bad Urach, vor dem Beginn einer großen Lichtung (links). Von hier führt ein Waldweg in 1,2 km zu den Rutschenfelsen. Vom Bahnhof Uracher Wasserfall dauert der Aufstieg über die Gütersteiner Wasserfälle oder den Uracher Wasserfall je ca. 1 h.

SCHOPFLOCHER MOOR
Größtes Torfmoor der Schwäbischen Alb

Ein Höhepunkt unter den Höhenpunkten der Mittleren Schwäbischen Alb: Das Schopflocher Torfmoor ist das größte und zugleich am höchsten gelegene Hochmoor dieses Mittelgebirges. Im Gegensatz zu den Mooren im Flachland wird das Hochmoor auf der Alb ausschließlich aus Niederschlägen versorgt. Seine Entstehung verdankt das Moor dem Vulkanismus. Durch die Verwitterung von Basalttuff, der aus einem vormaligen Schlot stammt, hat sich hier auf rund 756 m Höhe eine wasserundurchlässige Tonschicht gebildet. In der Auswurfmulde des Vulkans entstand daraufhin ein Maarsee, der im Laufe der Zeit verlandet ist (siehe Kapitel Gutenberger Höhlen). Nach vielen Jahrhunderten bildete sich daraus Torf. Dessen wirtschaftlicher Abbau begann mit Beginn des 18. Jahrhunderts und endete erst 1942, nachdem der Schwäbische Albverein die vollständige Zerstörung durch den Kauf des künftigen Naturschutzgebietes verhindern konnte. Das einzigartige Hochmoor zeigt mit seiner teilweisen offenen, aber auch verbuschten oder bewaldeten Vegetation eine für die verkarstete Albhochfläche völlig untypische Wuchsform - so wirkt der Heidelbeer-Kiefernwald geradezu exotisch. Um die Moorflächen offen zu halten, bedarf es ebenfalls ungewöhnlicher Gäste: Schottische Hochlandrinder werden zur Beweidung eingesetzt. Rund um die Entwässerungsgräben sind etwa 280 Pflanzenarten beheimatet. Als eines der wenigen Feuchtgebiete auf der Alb dient das Moor zudem Molchen, Kröten und Fröschen als Laichplatz. Seltene Schmetterlinge wie der Randring-Perlmutterfalter oder Brutvögel wie die Weidenmeise haben ebenfalls hier ihr Zuhause.

Auf den ausgewiesenen Wegen ist das Hochmoor frei zugänglich. Das Naturschutzzentrum Schopflocher

Alb mit Biosphärenlädle hat täglich (außer Mo) von 10-17 Uhr geöffnet; im Winterhalbjahr (Mitte Oktober bis Ende April) Di bis Fr von 13-16 Uhr, So- und Fei von 11-17 Uhr. www.lenningen.de/schopfloch.html; www.albengel-otto-hoffmeister-haus.de

Tipp

Das Naturschutzzentrum Schopflocher Alb ist allein schon einen Ausflug wert. Eine moderne, sehr ansprechende Dauerausstellung vermittelt einen Überblick über den Lebensraum Alb. Entdecken Sie an 15 interaktiven Stationen die geologischen und landschaftlichen Besonderheiten dieses Teils des Biosphärengebietes. Im Außenbereich ist ein herrlicher Schaugarten angelegt. Auf dem Natur-Spielplatz mit Höhle, Kletterbaum und Beobachtungskanzel können Kinder die Natur spielerisch erkunden. Der ehemalige Kalksteinbruch beherbergt zahlreiche geschützte Tiere und Pflanzen und ist Naturdenkmal.
www.naturschutzzentrum-schopfloch.de

LAGE

Zwischen Lenningen-Schopfloch und Bissingen-Ochsenwang

ERREICHBARKEIT

Das Hochmoor liegt direkt westlich der L 1212/K 1250 zwischen Schopfloch und Ochsenwang. Abfahrten zum Landgasthof Otto-Hofmeister-Haus sowie zum Naturschutzzentrum sind ausgeschildert. Durch das Moor führt ein Bohlenweg.

HÄULESRAIN-TROCKENTAL MEIDELSTETTEN

Wacholderheiden und Mini-Heuschrecken

Wacholderheiden sind die Wahrzeichen der Albhochfläche. Eine der weniger bekannten, aber gleichwohl schönsten, liegt in einem romantischen Trockental bei Meidelstetten. Die charakteristischen Hangflächen entstanden in den letzten Jahrhunderten vor allem durch die Schafbeweidung. Der Verbiss der Tiere hat nämlich alle wohlschmeckenden Gräser und Pflanzen kurzgehalten, während die stacheligen Nachbarn wie Silberdisteln oder Wacholder verschont blieben. Infolge der besonderen Flora konnten sich zahllose Kleinstlebewesen einen neuen Lebensraum erobern – insbesondere Schmetterlinge.

Das Schutzgebiet „Bauenofen-Häulesrain-Tal" ist 40 ha groß und spiegelt den Naturraum der Mittleren Alb wider. Die Hangflächen des zwischen 740 und 780 m hoch liegenden Trockentals sind mit Wacholderheiden gesäumt, hier und da von Buchenwäldern oder Nadelforsten unterbrochen. Das 1995 unter Schutz gestellte Gebiet ist für seinen Artenreichtum bekannt: Allein 60 Vogelarten leben hier, darunter die fast verschwundene Hohltaube und der Kleinspecht. An den Rändern ehemaliger Sandgruben liegt der nackte Fels frei und bietet Heideröschen, Berg-Gamander oder Berg-Steinkraut einen Lebensraum. Als faunistische Besonderheit gilt das Vorkommen der Gefleckten Keulenschrecke, einer auf der Alb so gut wie ausgestorbenen Grashüpferart. Man übersieht sie gern – die Tiere zählen mit einer Körpergröße von 17 mm zu den kleinsten Feldheuschreckenarten Europas.

Ein Rundweg, dessen 3 km lange Runde zur Hälfte entlang des Naturerlebnispfades abwärts durch das Tal führt, beginnt am westlichen Ortsrand von Meidelstetten (Wanderparkplatz, Infotafeln).

Eine größere Runde führt zunächst auf die Höhe zu einem Rast- und Grillplatz mit herrlicher Aussicht, quert Waldgebiete und verläuft dann auf dem Rückweg durch das Tal. Auf dem Rundweg wird man an 16 Erlebnisstationen zum Hören, Sehen, Fühlen und Riechen animiert. Es gibt ein Holzartenquiz, ein Waldtelefon und ein Bienenhotel.
www.hohenstein.de

Tipp

Im benachbarten Fachwerkstädtchen Trochtelfingen wartet das kleine historische Bierkrug- und Bierdeckelmuseum auf Besucher: Hier sitzt man nicht nur an der glasklaren Seckach, sondern auch im urigen Gasthof des Albquell Brauhauses, das seit fünf Generationen in Familienbesitz ist. Serviert wird selten angebotene schwäbische Hausmannskost.
www.albquell-brauhaus.de

LAGE

Zwischen Trochtelfingen-Haid und Hohenstein-Meidelstetten

ERREICHBARKEIT

Das unter Naturschutz stehende Trockental mit Wacholderheiden führt entlang der kleinen Verbindungsstraße Haid (Abfahrt beim Sportgelände vor Beginn des Gewerbeparks) und dem Hohensteiner Teilort Meidelstetten.

WOLFSTAL

Naturspektakel in schönster Felsschlucht der Alb

Das Schmelzwasser der Eiszeitgletscher hat sich hier vor Tausenden von Jahren seinen Weg abwärts Richtung Donau gebahnt. Heute ist das Wolfstal ein Trockental und führt nur periodisch kleine Wasserläufe zur nahen Lauter. Aber die mit Moospolstern überwucherten ehemaligen Riffe eines urzeitlichen Meeres atmen noch Feuchtigkeit aus und bilden die Grundlage für eine einzigartige Vegetation: Mitte März schießen zigtausend der weiß blühenden Märzenbecher aus dem feuchten Boden und verwandeln die Schlucht in ein weißes Blütenmeer. Die Zwiebel des Amaryllisgewächses liegt bis zu 30 cm tief im nassen Boden, ihre Blütenstängel, die wie riesige Schneeglöckchen aussehen, werden bis zu 20 cm groß. Dazwischen sind einzigartige botanische Farbtupfer zu entdecken: Vereinzelt ragt der hell leuchtende Scharlachrote Kelchbecherling aus den weißen Hängen. Dieser Schlauchpilz ist deutschlandweit sehr selten und steht auf der Roten Liste der gefährdeten Arten – genauso wie die veilchenduftenden, aber giftigen Märzenbecher.

Natürlich fasziniert das archaische Wolfstal mit seinen schroffen Felsen und engen Felstoren auch außerhalb des Frühlingserwachens.

Rund 300 m nach der Talmündung, kurz nach der ersten Engstelle des Tales, liegt links, in 2 m Höhe die kleine Wolfstalhöhle. Trotz des nur 2 x 1,5 m breiten Eingangs ist sie 12 m lang. Wer sie in Augenschein nehmen will, muss aufpassen, es ist recht feucht in dem dunklen Loch. Nach dem zweiten Felstor führt ein Trampelpfad 30 m hoch zur Bärenhöhle. Die meisten Besucher scheuen den kurzen, steilen Aufstieg, der aber überaus lohnenswert ist: Im Hang öffnet sich nach einem Vorplatz die 10 m breite und 4 m hohe Höhle, die 21 m tief in den Berg hineinführt. Vor 12.000 Jahren lebten hier

Jäger, worauf die zertrümmerten Tierknochen von Ren, Bär, Riesenhirsch und Hyäne schließen lassen, die man bei Ausgrabungen fand.

www.donauschleife.de

Tipp

Im Lauteracher Nachbar-Weiler Reichenstein steht eine weitere Lautertal-Burg. Sie punktet mit ungewöhnlichem Rundumblick: Burg Reichenstein wurde auf einem bizarren 40 m hohen Einzelfelsen errichtet und im Bauernkrieg 1525 zerstört. Heute steht nur noch der wieder instandgesetzte Bergfried, der als Aussichtsturm dient. Vom östlichen Ortsrand führt ein kurzer Pfad hinauf oder direkt hinab zur Laufenmühle.

LAGE

Das 3 km lange Wolfstal liegt zwischen Lauterach und Laufenmühle

ERREICHBARKEIT

Von Lauterach führt am westlichen Ortsende ein Sträßchen (K 7340) 1,2 km Richtung Ausflugsgaststätte Laufenmühle. Kurz davor liegt gegenüber des neuen Wasser-Informationszentrums ein Wanderparkplatz. Hier beginnt der immer enger werdende Fußweg ins felsige Wolfstal. Alternativ kann man über den zu Talbeginn links aufsteigenden Höhenweg am Hangrand entlanglaufen und den Rückweg durch den Talweg antreten oder umgekehrt.

BLAUTOPF-QUELLE
Berühmteste Karstquelle Deutschlands

Man wünscht sich, hier im Blautopf ein Fisch zu sein: Die je nach Lichteinfall in Hunderten von Nuancen leuchtende intensive Blaugrünfärbung des Wassers zieht den Betrachter immer wieder magisch in seinen Bann. Wohl deshalb ist die Quelle des Flüsschens Blau, die berühmteste in ganz Deutschland – und der sagenumwobene Blautopf eines der beliebtesten Ausflugsziele der Alb. Viele Geschichten ranken sich um ihn – am bekanntesten ist die von der „Schönen Lau“, in der Eduard Mörike erzählt, wie hier am Blautopf eine Wassernixe das Lachen wieder lernt. Eine Steinskulptur am Ufer erinnert an sie. Im Volksglauben ist die Karstquelle ohne Boden – Versuche, mit einem Lot die Tiefe zu ermitteln, sollen immer wieder von der „Schönen Lau“ vereitelt worden sein. Tatsächlich gelang es erst 1957 einem Taucher, den 20 m tiefen und 40 m breiten Grund zu erreichen. Unter einem überhängenden Fels beginnt die auf- und absteigende Blautopf-Unterwasserhöhle, der Ausgangspunkt zum größten und noch nicht annähernd erforschten Höhlensystem der Schwäbischen Alb. Über die Höhlenflüsse wird das durch den Karstboden versickernde Regenwasser wie in einer Kanalisation gesammelt. Der Höhlentaucher Jochen Hasenmayer erlangte Berühmtheit, als er mit einem U-Boot in die unbekannte Tiefe vorstieß. Die Länge dieser Unterwasserhöhle wird auf mehrere Dutzend Kilometer geschätzt, ihre weitverzweigte Ausdehnung bis nach Laichingen hin angenommen. Unter den in den letzten Jahren von Tauchern entdeckten Hallen gibt es riesige Hohlräume mit bis zu 70 m Höhe! Untersucht worden sind bisher etwa 5 km des Höhlensystems Blautopf.

Das Café am Blautopf mit Souvenir-Shop hat wie das Hammerschmiede-Museum täglich von 9-18 Uhr geöffnet. Die Klosteranlage ist von März bis 1. November täglich von 10-18 Uhr, in der Wintersaison Mo bis Fr von 14-17 Uhr und am Wochenende von 11-16 Uhr geöffnet.
www.blautopf.de

Tipp

Den Besuch einer der besterhaltenen mittelalterlichen Altstädte des Landes sollten Sie unbedingt im Anschluss einplanen. Das durch prächtige Fachwerkbauten gesäumte, malerische Gerberviertel an der Aach heißt zurecht „Klein Venedig". Unzertrennbar dazu gehört das von den Grafen von Tübingen im Jahr 1085 am Blautopf gegründete Benediktinerkloster, in dem man in die geistlich-geheimnisvolle Welt der Mönche eintauchen kann. Das sehr ansprechende Urgeschichtliche Museum (Mo Ruhetag) zeigt Funde aus den benachbarten Höhlen mit den ältesten, bekanntesten Kunstwerken der Menschheit. www.blaubeuren.de

LAGE

Die Quelle der Blau liegt am Rande der Altstadt von Blaubeuren.

ERREICHBARKEIT

Blautopf, Klosteranlage und Altstadt von Blaubeuren lassen sich zu Fuß problemlos verbinden. Im Randbereich der Altstadt gibt es viele ausgeschilderte Parkplätze.

ECHAZ-QUELLE
Im Tal der Hungerbrunnen

Wo nun die eigentliche Quelle der Echaz liegt, die nach 23 km bei Kirchentellinsfurt in den Neckar mündet, lässt sich nicht genau sagen. In ihrem Quellgebiet bei Honau liegen mehrere Hungerbrunnen. Das sind Karstquellen, die nur nach längeren Regenphasen Wasser schütten. Je nasser der zurückliegende Zeitraum war, desto tiefer und damit höher im Tal liegt der Quellaustritt des Flusses. Für die Besucher wird es deshalb zu einer spannenden Angelegenheit, die jeweils aktuelle Quelle zu finden. Von der in einem Natursteinbecken gefassten offiziellen Schüttstelle mit acht Felsaustritten führt ein manchmal leicht überfluteter, uralter Weg ins hintere Tobeltal. Entlang der Schlucht passiert man zahlreiche Hungerbrunnen. Die oberste mögliche Echazquelle liegt rund 1 km entfernt beim „Ohafelsen", südlich unterhalb des Schlosses Lichtenstein. Von der Hauptquelle, die bis zu 2.000 Liter in der Sekunde ausspuckt, wird ein Großteil in die Trinkwasserversorgung abgezweigt. Ein weiterer Teil speist die zwanzig Forellenbecken der Honauer Zuchtanlage. Die Fischzucht in Honau wird bereits in einer Urkunde im Jahr 937 als die „königliche Fischerei in Hohenaue" erwähnt. Die Fische gibt es übrigens nur in Honau zu kaufen.

Fangfrische Echazforellen gibt es im Fischladen des Forellenhofs Rössle an der B 312 täglich von 8 bis 21 Uhr.
www.gemeinde-lichtenstein.de;
www.echazforellen.de

Tipp

Im Bachbett der oft trockenen Föhnerquellen, die nach wenigen Metern in die junge Echaz münden, liegt eine Wasserhöhle. Bei stark anhaltendem Regen quillt das Wasser zuerst aus diesem Lehmgrubenbröller bis zu 50 cm hoch heraus. Erst wenn der Wasserspiegel durch Rückstau im Berg immer weiter ansteigt, sprudelt das Wasser auch aus den anderen, höher gelegenen Quellen. Bei sinkender Schüttung fallen die Quellaustritte in umgekehrter Reihenfolge wieder trocken.

LAGE

Unterhalb der ersten Kehre in der Steige der B 312 von Honau nach Engstingen

ERREICHBARKEIT

Am südlichen Ortsende von Lichtenstein-Honau, zu Beginn der ersten Linkskehre, liegt ein Wanderparkplatz, von dem aus man über einen Pfad in wenigen Gehminuten zur Echaz-Quelle gelangt, wo sich bereits ein erster lauschiger Grillplatz befindet. Tiefer ins Tal hinein führt ein rund 300 m langer, leicht ansteigender Schluchtweg entlang des oft trockenen Tobelbachs. Er endet am Talende in einer Lichtung mit einer weiteren schönen Grillstelle. An heißen Sommertagen lässt es sich hier wunderbar verweilen - von dort sind es etwa noch 2 km hinauf zum Schloss Lichtenstein. Rund 600 m von der Echaz-Quelle entfernt, liegen, über einen Weg am westlichen Hang Richtung Sportplatz bequem erreichbar, die beeindruckenden Föhnerquellen an einem Steilhang.

WASSERERLEBNISPFAD GROSSES LAUTERTAL

Idylle zwischen Großer Lauter und Donau

Die kleinste Gemeinde des Biosphärengebiets wird vom größten Donauzufluss im urtümlichsten Abschnitt der Schwäbischen Alb durchlaufen. Seit 2013 gibt es in idyllischer Lage diesen tollen Wasser-Erlebnispfad und das Infozentrum Lauterach des Biosphärengebietes Schwäbische Alb mit einer sehr gelungenen Ausstellung zum Thema „Wasser als Lebensraum" sowie jede Menge Angebote für Familien. So können hier Schiffe gebastelt werden, die man gleich im Außenbereich, in einem neu angelegten Seitenkanal der Lauter, zu Wasser lassen darf. Der mehrere Kilometer lange Wasser-Erlebnispfad führt entlang des meist autofreien Flusstales. Auf dreißig Infotafeln erfährt man Spannendes über das vielfältige Thema Wasser sowie über Tiere und Pflanzen an der Großen Lauter und der Donau. Auf Kinder wartet ein lustiges Wasser-Quiz, bei dem man zum Beispiel erfährt, warum Fische überhaupt wandern. Auf dem letzten Kilometer hat die Lauter bereits Oberschwaben im Blick und fließt an sieben kleineren Höhlen vorbei: 250 m flussaufwärts beim historischen Wasserwerk liegt auf der gegenüberliegenden Uferseite die Jägerhöhlennische, nach weiteren 250 m stößt man auf die Gabelhöhle. Die Bettelhöhle liegt schräg gegenüber der Jägerhöhle, 10 m oben im Hang. Zur häufig überfluteten Pfaffensteighöhle gelangt man über einen 100 m langen Trampelpfad flussabwärts, der auf der Westseite der Holzbrücke beginnt. Ein Stationenweg führt hier mit schönem Blick auf die Klosteranlage Obermarchtal nach Talheim hinauf. Von dort gelangt man auf der Straße wieder hinunter nach Lauterach.

Das Infozentrum mit Kiosk ist jeweils von 11 - 18 Uhr geöffnet: 1. März bis 30. April Mi, Sa und So, vom 1. Mai bis 15. September täglich außer Di und vom 16. September bis 31. Oktober Mi, Sa und So. Der schön angelegte Außenbereich mit Grill-

stelle, Spielplatz und einem hier startenden Wasser-Erlebnispfad ist frei zugänglich. Auf halbem Weg zur historischen Laufenmühle erinnert ein kleines Freilichtmuseum mit Tuffstein-Sägemaschine an den Kalksinter-Abbau.
www.gemeinde-lauterach.de

Tipp

Am Talschluss liegt die beeindruckende, aus Tuffstein gebaute historische Laufenmühle. 1885 abgebrannt, wurde sie wieder aufgebaut, als Getreidemühle aber 1925 stillgelegt. Dort lädt eine gemütliche Ausflugsgaststätte mit lauschigem Biergarten ein. (Mo Ruhetag).

LAGE

Die Gemeinde Lauterach, am letzten Abschnitt der in die Donau mündenden Lauter, liegt nördlich von Obermarchtal/B 311.

ERREICHBARKEIT

Von Lauterach führt am westlichen Ortsende ein Sträßchen (K 7340) 1,2 km Richtung Ausflugsgaststätte Laufenmühle. Kurz davor liegen an der Mündung des wildromantischen Wolfstals ein Wanderparkplatz und das Wasser-Infozentrum. Hier beginnt der mittlere und kürzeste (1 h) von drei Rundkursen des insgesamt mehrere Kilometer langen Lautertal-Erlebnispfades. Die zweite Runde verläuft zwischen der Gaststätte und dem westlichen Ortsanfang von Reichenstein (1,5 h). Der dritte Abschnitt führt vom Infozentrum zu einem Wanderparkplatz flussabwärts an den südlichen Ortsrand von Lauterach (K 7339) Richtung Untermarchtal. Von hier geht's im Rundkurs entlang des Flusses zur Donaumündung (2 h).

ERMSURSPRUNG
Der verschwundene See

Der Name des unscheinbaren kleinen Talortes Seeburg weist auf zwei in der Region außergewöhnliche Aspekte der Geschichte und Geologie hin: Beim kleinsten Teilort Bad Urachs war bereits in frühkeltischer Zeit eine burgähnliche Anlage errichtet worden. Die Engstelle am Albaufstieg, vorbei an dem außergewöhnlich tief im Albkörper liegenden Ermsquelltopf, war schon immer von strategischer Bedeutung. Eine römische Straße führte entlang der Uracher Erms (die nach 33 km bei Neckartenzlingen in den Neckar mündet), durch das Mühltal und über den Burgberg Richtung Trailfingen/Münsingen. Der Flussname Armissa ist römisch, die Benennung geht aber auf die keltischen Ursiedler zurück. Das Einzugsgebiet der Ermsquelle reicht bis zu 12 km an Schelklingen (vgl. Kapitel Kloster Urspring) heran. Das „See-" im Ortsnamen bezieht sich auf einen uralten See, der sich hier auf 1 km Länge aufgestaut hatte. Gebildet wurde er vom weiter östlich Richtung Hengen entspringenden Fischbach, eingebettet durch eine Kalktuffbarriere. Dieser natürliche Damm entstand durch ständige Kalkablagerungen am Zusammenfluss von Fischbach und Erms. Die unterste Barriere-Schicht liegt 36 m unter der Kirche und begann sich vor 10.000 Jahren aufzubauen. Im Jahr 1618 ließ der württembergische Herzog Johann Friedrich die Seetiefe vom berühmten Baumeister Heinrich Schickhardt durch einen künstlichen Tunnel regulierbar machen. In dem ablassbaren See konnten „die besten und größten" Forellen nun einfacher gefischt werden. Zwischen 1763 und 1821 wurde der See nur noch für die Flößerei aufgestaut, danach wieder abgelassen. In der Neuzeit bebaute man den ehemaligen Seegrund. Ein- und Ausgang des heute noch intakten und begehbaren 467 m langen und 2,5 m hohen unterirdischen Fischbachstollen lassen sich problemlos besichtigen. Die Wassertiefe des Sees lag bei 12 m, der maximale Wasserstand lag auf der Höhe des Pfarrhauses, eine hohe Kalktuffwand darunter zeigt die verschiedenen Sedimentschichten an: Vor 10. 000 Jahren lag der Seegrund gar 35 m tiefer.

www.badurach-tourismus.de

Tipp

Das märchenhafte Speisecafé Schlössle, eine 1885 errichtete Villa mit herrlich kitschiger Gartenanlage, in der Wiesentalstraße 26, hat täglich außer Mo geöffnet. www.speisecafe-schloessle.de

LAGE

Der Ursprung der Erms im Mühltal liegt im mittleren der drei Täler, die im Bad Uracher Teilort Seeburg zusammenlaufen, rund 1 km südlich der Kirche.

ERREICHBARKEIT

An der B 465 von Bad Urach nach Münsingen liegen in Seeburg bei der Abzweigung der L 245 nach Hengen zwei Wanderparkplätze. Der gut ausgeschilderte Weg zur künstlich gefassten Ermsquelle führt am aus Kalktuffstein errichteten Wasserwerk vorbei, auf festem Waldweg geht es weiter durch die Mühlbachschlucht. Der Rückweg führt über die auf einer Anhöhe liegende Burganlage. Der historische Fischbachstollen-Eingang liegt 60 m nordöstlich der Johanneskirche in der Seewiesen-Straße.

EYACH-QUELLE IN PFEFFINGEN
Ein eigenwilliges Flüsschen

Sie ist fremdgegangen – und es lässt sich weder leugnen noch verbergen: Die Eyach, der fünfte Nebenfluss des Neckars, den sie nach einer Odyssee durch den Zollernalbkreis nach fünfzig Kilometern im gleichnamigen Örtchen erreicht. Das Bächlein plätschert zunächst unbeschwert und zielgerade Richtung Süden. Aber in Lautlingen schlägt die Eyach einen Haken und biegt Richtung Nordwesten nach Balingen, über den Neckar zum Rhein. Eigentlich floss sie ursprünglich genau entgegengesetzt, Richtung Ebingen - zusammen mit der in Onstmettingen entspringenden Schmiecha in die Donau. Doch die Eyach wurde sozusagen „abgeworben": Vor Millionen von Jahren hatte sie nämlich eine fleißige Nachbarin, deren Quelle auf der Höhe zwischen Lochen und Burgfelden lag, also direkt über dem tiefen Taleinschnitt, in dem heute die B 463 verläuft. Dieser einstige Fluss schwemmte den tiefen Canyon zwischen Balingen und Lautlingen aus. Irgendwann konnte dann die Eyach dem Locken von Vater Rhein nicht mehr widerstehen und schwenkte statt zur Schmiecha zum Neckar um und floss, vereint mit der Nachbarin, über Balingen, Haigerloch und Mühringen zum Mündungsörtchen Eyach. Auf diesem eigenwilligen Weg werden von ihr beachtliche 461 Höhenmeter überwunden.

Aus der Ortsmitte führt ein schön angelegter Themenweg entlang historischer Gebäude hinaus, an der Bleiweißmühle vorbei bis zur Quelle. Von Pfeffinger Grundschülern gestaltete Wassergeister bewachen den Weg an der Eyach. Beim Quellbrunnen liegt ein neu angelegter Rastplatz mit Grillstelle und einem Biotop-Teich, in dem sich jede Menge Amphibien und Kleinlebewesen tummeln. www.albstadt-tourismus.de

Tipp

Fünf Kilometer flussabwärts liegt das sehenswerte, 1338 gegründete ehemalige Franziskanerinnen-Kloster von Margrethausen. Die Klosteranlage wurde 1811 aufgelöst und ist heute in einen kirchlichen und einen städtischen Teil gegliedert. Sehenswert ist die unmittelbar angrenzende, katholische Pfarrkirche St. Margareta mit barocker Einrichtung. An der Kirchenaußenwand erinnert ein Gedenkstein an das furchtbare Hochwasser von 1895 - eine Hochwassermarke ist heute noch an der Klostermauer zu sehen.

LAGE

Die Quelle der Eyach liegt in einem lang gezogenen Taleinschnitt nördlich von Pfeffingen.

ERREICHBARKEIT

Zwei Wege führen zur eingefassten Quelle: In Pfeffingen biegt man an der Kirche rechts in die Karlstraße und folgt ihr 1,5 km ortsauswärts auf einem landwirtschaftlichen Weg bis in ein Wäldchen bergan. Der kürzere Weg startet beim Wanderparkplatz, der an der Straße von Bisingen/Onstmettingen nach Langenwand liegt. Er befindet sich 100 m nach der Abzweigung Pfeffingen auf der rechten Seite. Von dort geht es in einem Wäldchen 500 m auf einem Teerweg bergab zu Quelle.

FREIZEITANLAGE AN DER LAUCHERT

Herrliches Strandbad auf der Alb

Das Abenteuer beginnt hinter dem 350-Einwohner-Dorf Bronnen: Am östlichen Ufer der Lauchert liegt ein Wasserspielplatz, wie man ihn auf der Alb sonst nirgends findet: Aus dem einst zugewachsenen Uferbereich ist eine herrliche Picknick- und Spielwiese mit Grillstellen und Kieselstrand entstanden. Im flachen „Nichtschwimmer"-Bereich lässt es sich in der glasklaren Lauchert wunderbar baden und plantschen. Am westlichen Ufer kann man in einer sehr schönen, neu gestalteten Kneippanlage genüsslich „Wasserstreten". Der angrenzende Barfußpfad ist ganze 400 m lang, und es sind schon besondere Sinneseindrücke, die man hier bekommt, wenn man mit geschlossenen Augen über Holz, verschiedene Steine, Quarzsand, Strohballen oder Rindenmulch läuft. Die Anlage verfügt über ein WC und hat Versorgungsanschlüsse für Wohnmobile.

www.gammertingen.de;
www.laucherttal.de

Tipp

Ein interessanter Baumhoroskop-Pfad verknüpft die Freizeitanlage Gammertingen mit dem schönen Wasserspielplatz in Bronnen. Mit diesem besonderen Pfad wird die Idee des Keltischen Baumhoroskops aufgegriffen: Dabei werden dem Jahreskreis 21 Bäume mit typischen Charaktereigenschaften zugeordnet - Eigenschaften, die auch auf die in den unterschiedlichen Baumzeichen geborenen Menschen zutreffen. Finden Sie sich in den Eigenschaften Ihres persönlichen Geburtstagsbaumes wieder?

LAGE

Die Freizeitanlage befindet sich an der B 313 zwischen Trochtelfingen und Gammertingen, am Ortsende von Bronnen gegenüber der Einfahrt zur Wendelsteinklinik.

ERREICHBARKEIT

Anlage und Parkplätze liegen direkt an der Bundesstraße. Eine kleine Brücke über die Lauchert verbindet Rad- und Wanderwege nach Gammertingen und Bronnen.

GALLUS-QUELLTOPF
Zweitstärkste Karstquelle der Westalb

In einem der kleinsten Dörfer der Alb im Laucherttal sprudelt eine der größten Quellen: Die Gallus-Quelle in Hermentingen ist nach dem Aachtopf die stärkste Quelle auf der Westalb: Pro Sekunde werden durchschnittlich 470 Liter Wasser ausgeschüttet. Nach Regentagen können es auch schon mal 2.000 Liter/Sekunde sein! Das Gallus-Quellwasser strömt aus verschiedenen Öffnungen in der gemauerten Felswand ins schöne Quellbecken. Allerdings ist das nur ein Teil der gesamten Quell-Schüttung: Ein Großteil des Wassers wird nämlich für die Trinkwasserversorgung des Zweckverbandes Zollernalbgruppe abgezwackt. Das Trinkwasser wird von 636 m auf bis zu 926 m nach Bitz gepumpt, von wo es im natürlichen Gefälle bis nach Balingen rund 40.000 Einwohner mit dem kostbaren Nass versorgt.

Am Rande des Quellbeckens thront eine Statue des Namensgeber der Quelle: Der Heilige Gallus. Der Legende nach soll der irische Wandermönch auf seinen Missionierungsreisen im 7. Jahrhundert auch ins Laucherttal gekommen sein. So erklärt man sich das Patrozinium St. Gallus der 1275 erstmals erwähnten und mit alten Fresken verzierten Dorfkirche. Der neben dem Missionar dargestellte Bär ist das Wappentier der Stadt St. Gallen, dessen berühmtes Kloster an dem Ort errichtet worden ist, wo der Mönch bis zu seinen Tod als Eremit gelebt hatte. Über dem 170-Seelen-Dorf zieht das irisch-schottische St.-Gallus-Kreuz die Blicke auf sich. Der Kreis steht für den Sonnen- und Lebenslauf und beruht auf heidnischen Glaubensvorstellungen, vereint sich aber mit dem christlichen Kreuz.

www.veringenstadt.de

Tipp

Klingt langweilig, ist aber richtig abenteuerlich: Östlich des benachbarten Veringenstadt gibt es einen geschichtlichen Rundweg mit drei Themenbereichen: Er führt zunächst durch das bedeutendste Bohnerzabbaugebiet Süddeutschlands des 19. Jahrhunderts mit tiefen Gruben und Meilern. Dann taucht man ein in das vor 140 Millionen Jahren hier an einem mächtigen Riff endende Jurameer - mit Aussicht von den Klippen. Schließlich gibt es Spuren einer untergegangenen mittelalterlichen Siedlung zu entdecken. Das 2,3 km lange „Natur-Freilichtmuseum" erreicht man über die L 415 Richtung Inneringen. Bereits am Ortsende Veringenstadt rechts die Steige hoch und rund 2 km bis zum Wanderparkplatz fahren.

LAGE

Am Ortsrand von Veringenstadt-Hermentingen

ERREICHBARKEIT

Von der B 32 Gammertingen-Sigmaringen im kleinen Dorf Hermentingen in die Ortsstraße abbiegen. Diese führt links zur Gallus-Quelle am Ortsrand. Allerdings kann man direkt an der Quelle nicht parken. Deshalb besser im Ortskern von Hermentingen parken und die wenigen Minuten zu Fuß zur Quelle zu gehen.

GÜTERSTEINER WASSERFÄLLE

In herrlichen Kaskaden über moosbedeckte Steinstufen

Nicht so beeindruckend hoch, aber dafür umso romantischer: Die Gütersteiner Wasserfälle bei Bad Urach können es mit dem Bekanntheitsgrad ihres großen Nachbarn zwar nicht aufnehmen, aber bei der Verteilung der Schönheitspreise sind sie vorne dran. Bei Güterstein sprudelt das Nass in vielen kleinen Kaskaden zunächst in ein großes, mit Felsen eingerahmtes Becken. Das Nass stammt aus acht Quellen, die am Fuße einer 20 m hohen Felswand entspringen. Die Wasserfälle speisen sich aus dem Niederschlag, der im Gebiet des Fohlenhofs versickert, dort auf eine wasserundurchlässige Bodenschicht trifft und zum Albtrauf geleitet wird. Neben dem wunderschönen Felsbecken stehen das Mörike-Brünnele und ein Pumphäuschen. Dieses diente bis 1907 dazu, Wasser hinauf zum Fohlenhof St. Johann zu pumpen und den im Tal gelegenen Gestütshof mit Leitungswasser zu versorgen.

Vom Becken stürzt das Wasser über steile Kalktuff-Wände rund 10 m hinab auf eine zweite, aber schmälere Terrasse. Nach mehreren kleinen Fällen, die allesamt über riesige Moospolster und vorbei an üppiger und seltener Vegetation fließen, kommt das Wasser im Tal an und mündet in den vom Uracher Wasserfall gespeisten Brühlbach.

In diesem abgeschiedenen Talschluss wurden 1226 die Pläne des Grafen Konrad von Urach zum Bau eines Zisterzienserklosters, im Schatten des Hohenurach, der Stammburg seines Hauses, umgesetzt. Im Laufe der Zeit hat sich dort eine kleine Mönchsgemeinschaft unter der Obhut der Zwiefaltener Benediktinerabtei etabliert. Nachdem die Kartäuser das Kloster übernahmen und ausbauten, wurde Güterstein ab 1441 zur Grablege der Grafen von Württemberg-Urach und zu einem geistig-literarischen Zentrum. Anstelle des ehemaligen klösterlichen Wirtschaftshofes steht heute der von König Wilhelm I. von Württemberg 1819/20 erbaute Gestütshof.

www.badurach-tourismus.de

Tipp

Zu jeder Jahreszeit und von verschiedenen Perspektiven aus immer eine Augenweide: Der Uracher Wasserfall ist eines der schönsten Naturschauspiele der Schwäbischen Alb. Aus 37 m stürzt der Brühlbach über eine Tuffsteinkante ins Tal. Vom oberen Gütersteiner Pumphäuschen führt ein gut ausgeschilderter Weg am Trauf entlang zum benachbarten Wasserfall. Vom P 23 im Maisental sind es 2 km bis zum Wasserfall. Steile Stufen führen weiter auf die Hochwiese mit Kiosk und Grillstellen hinauf.

LAGE

Die Gütersteiner Wasserfälle liegen westlich von Bad Urach oberhalb des Maisentals, einem Seitental der Erms, am Albtrauf.

ERREICHBARKEIT

Die Gütersteiner Wasserfälle liegen in demselben Seitental, in dem auch der bekanntere Uracher Wasserfall talwärts stürzt. Zwischen beiden liegt die große Bergzunge des Runden Bergs. Nach der Abfahrt von der B 28 ins Maisental folgt man nach 200 m nicht dem Weg zum Parkplatz (P 23) des Uracher Wasserfalls, sondern dem Weg nach rechts Richtung Vorwerk Güterstein. Auf ausgeschildertem Weg passiert oder umgeht man die Außenstelle des Haupt- und Landgestüt Marbachs, um dann über einen Waldweg und Zickzackpfad zu den Wasserfällen aufzusteigen. Alternativ kann man vom Gestütshof St. Johann über den Fohlenhof (740 m) auf einem Pfad zum Wasserfall absteigen.

HAUSENER BRÖLLER
Gurgelnde Großhöhle

Meistens ist sie absolut friedlich und so unauffällig, dass sie der Stadt Trochtelfingen keine Erwähnung als Ausflugstipp für Touristen wert ist. Nur ein kleines Hinweisschild am Straßenrand weist auf die seit Jahrhunderten bekannte Trinkwasserquelle des Dorfes hin. Das ist höchst verwunderlich, denn von der unscheinbaren Höhle mit dem wilden Namen Bröller berichtete bereits die Oberamtsbeschreibung Reutlingen von 1824: „Diese berüchtigte Quelle hat ihren Namen von dem Getöse oder Gebrülle, das sie macht, wenn sie sich ergießt. Dieses Gebrülle soll dem Ergießen eine Zeitlang vorangehen und für die Thalbewohner ein warnendes Zeichen sein."

Tatsächlich geschieht das nach starken Regenfällen oder Schneeschmelzen. Dann brechen aus dem 1 x 3 m kleinen Loch Wasserfontänen heraus, die die Straße überschwemmen und einen Sturzbach zur nicht weit entfernten Lauchert bilden. Ging man Ende des 19. Jahrhunderts noch davon aus, dass die Höhle nach 23 m Länge aufhört, weil sie nach einem unter Wasser stehenden Höhlenteil nicht weiter begehbar schien, schafften es in den 1950er-Jahren einige Höhlenforscher, rund 304 m in den Berg vorzudringen. Die Höhlenforschungsgruppe Ostalb/Kirchheim hat mittlerweile 523 m des extrem engen und scharfkantigen Felsenlabyrinths erkundet und vermessen. Und mindestens weitere 527 m führt das Höhlensystem noch tief in die Felsen hinein. Mit 1 km Länge ist der Hausener Bröller mit seinem konstant 8 °C kalten Wasser eine Großhöhle. Der normale Höhlenbesucher kann die Öffnung in der Hocke gefahrlos wenige Meter selbst erkunden, wenn sie wasserfrei ist, kriechend einige Meter mehr. Im Winter bleibt der Bröller Rückzugsort für die Fledermaus, tief im Dunkeln wohnen die Höhlenspinne und der Flohkrebs, der im Laufe der Zeit mangels Licht seine Augen verloren hat.

www.trochtelfingen.de

Tipp

Flussabwärts bei Mägerkingen liegt an der Einmündung der Seckach der Mägerkinger See. Das Naherholungsgebiet mit einer parkähnlichen Anlage bietet tolle Spiel-, Freizeit- und Grillmöglichkeiten. Auch Sonnenbaden ist erlaubt, nicht jedoch das Schwimmen, der Kiosk ist am Wochenende geöffnet. www.laucherttal.de

LAGE

An der Ortsdurchfahrt der L 382 in Mägerkingen-Hausen an der Lauchert

ERREICHBARKEIT

Die Öffnung der kleinen Wasserhöhle liegt – von Mägerkingen kommend – an der linken Straßenseite, rund 100 m nach der Einmündung der Schulsteige. Gegenüber, auf der rechten Straßenseite, ist an einem geschotterten Weg eine Parkmöglichkeit.

SCHMIECHA-QUELLE ONSTMETTINGEN

Ein Fluss, der seinen Namen ändert

Wenn es beim „Stichwirdschäfd'le" regnet, fließt das Wasser von der nördlichen Dachtraufe über Klingenbach, Eyach und Neckar in die Nordsee. Während die andere Tropfkante das abfließende Wasser über die Schmiecha zur Donau und weiter ins Schwarze Meer fließen lässt. Aber der Reihe nach: Die Quelle der 38 km langen Schmiecha liegt um wenige Meter südlich der Europäischen Wasserscheide, auf der die Gaststätte errichtet worden ist. Und sie liegt ebenfalls nur 2 km von der Eyach-Quelle entfernt. Bei 847 m Höhe fängt die Reise des Albflüsschens an, welches auf seinem Weg zur Mündung bei Inzigkofen einen Höhenunterschied von 257 m zu bewältigen hat. Nach Ebingen wird aus der württembergischen Schmiecha die hohenzollerische Schmeie. Im 14. Jahrhundert hieß das Gewässer noch „Schmiehen", was sich von smiugen = krümmen ableiten lässt.

Das herrliche Naturschutzgebiet „Geifitze" ist eines der seltenen Flachmoore sowie Brut- und Durchzugsgebiet gefährdeter Vogelarten. Das einstige Torfmoor unterhalb des Schmiecha-Ursprungs wurde im 19. Jahrhundert abgebaut. Die für die Alb ungewöhnliche Bodenfeuchtigkeit hat das Gebiet den Quellhorizonten zu verdanken. So haben sich hier noch einzigartige Reste von Moor- und Riedflächen erhalten.

Das Stichwirtshaus ist ein idealer Ausgangspunkt für die Wanderung zum Albtrauf. Öffnungszeiten der gutbürgerlichen Küche: täglich, außer Di und Mi, von 12 bis 24 Uhr. An So und Feiertagen ist zwischen 14 und 17 Uhr geschlossen.
www.stichwirtshaus.de

Tipp

Die erste Waage, die ohne Gewichte funktionierte, ist vom Onstmettinger Pfarrer Philipp Matthäus Hahn erfunden worden. Und nicht nur das: Der bis 1770 in dem Albdorf wirkende Astronom baute Sonnenuhren und Rechenmaschinen – nebenbei verstand sich der überzeugte Pietist als „Prophet des kommenden Königsreichs Jesu Christi". Ihm ist in der romanischen Johanneskirche, Wilhelmstraße 1, ein feines Museum gewidmet. Öffnungszeiten: Mi, Sa, So und feiertags von 14 bis 17 Uhr. www.albstadt.de/museen

LAGE

Das Naturschutzgebiet „Geifitze" mit der Schmiecha-Quelle liegt nordwestlich von Onstmettingen.

ERREICHBARKEIT

Am Gasthaus zum Stich, wo die L 360 von Bisingen-Thanheim Richtung Onstmettingen die Hochfläche erreicht und auf die K 7141 nach Pfeffingen/Langenwand stößt, liegt ein Wanderparkplatz. Von dort führt ein rund 4 km langer Rundweg, der Teil eines Premium-Wanderweges ist, durch das Naturschutzgebiet und Quellgebiet der Schmiecha bis zu den Aussichtspunkten „Heiligenkapf" und „Blasenberg" und zurück.

STEINLACH- UND LAUCHERT-QUELLEN
Europäische Wasserscheide am Albtrauf

Atlantik oder Schwarzes Meer? Wo die Grenze zwischen dem Einzugsgebiet des nördlich orientierten Neckars und der nach Süden führenden Donau genau verläuft, kann man im Gelände nicht sehen. Das Regenwasser versickert im Boden und wird dann unterirdisch von einem der vielen Zuflüsse der beiden Gewässer aufgenommen. Mit einer Ausnahme: Zwischen Talheim und Willmandingen deckt sich der Albtrauf mit dem Verlauf der Europäischen Wasserscheide. Nur wenige hundert Meter trennen die Quellen von der Steinlach, die nach 25 km bei Tübingen in den Neckar mündet und der Lauchert. Diese fließt nach 60 km bei Sigmaringendorf in die Donau. Und mit jedem Tag gräbt sich die Steinlach tiefer in den Albtrauf ein und nähert sich bedrohlich der Lauchert. Eines Tages wird sie deren Quellen vollständig erfasst haben. Dann wird der nächstliegende Zufluss der Lauchert – die Woog, südlich von Salmendingen – zur neuen Quelle eines dann fortan Woogtal lautenden Donauzubringers. Bis es soweit ist, dauert es aber noch ein paar tausend Jahre und es bleibt Zeit für einen Besuch vor Ort. Die Steinlach-Quelle entspringt unspektakulär in einer 10 m tiefen Schlucht an der Traufkante westlich des 826 m hohen Ruchberges, einer keltischen Siedlungsstätte. An dessen Westhang, oberhalb der Quelle, liegt eine unberührte, wunderschöne Wacholderheide. An der Südseite ist der Berg schnell umgangen und die Lauchert erreicht, die neben der Kreisstraße fließt. Je nach Trockenheit folgt man dem Bachlauf entweder zur Willmandinger Quelle zurück oder nach Melchingen zum ganzjährig fließenden Ursprung.

www.laucherttal.de;
www.sonnenbuehl.de

Tipp

Deutschlands einziges Regionaltheater hat seinen Sitz in Melchingen. Das mehrfach ausgezeichnete Theater Lindenhof steht für poetisch-kritisches Volkstheater mit Kernbezug zur Region Schwäbische Alb. Die Theatergaststätte hat täglich (außer Mo) geöffnet. www.theater-lindenhof.de

LAGE

Die Steinlach-Quelle liegt 1,5 km westlich von Sonnenbühl-Willmandingen; die Lauchert-Quellen etwa 2 km Luftlinie entfernt am südlichen Ortsende von Willmandingen, sowie am östlichen Ortsausgang von Burladingen-Melchingen.

ERREICHBARKEIT

Zur Steinlach-Quelle gelangt man in der Talheimer Steige. An der Stelle, wo die L 355 zwischen Mössingen-Talheim und Melchingen eine scharfe Kehre macht, folgt man dem geradeaus führenden Waldweg, der parallel zur Steinlach verläuft 300 m bis zur Quelle in einer Seitenschlucht. Die Lauchert entspringt mehreren Quellen. Der wasserreichere, aber im Sommer trockene Zulauf, beginnt am südlichen Ortsrand von Willmandingen in der von der Kirche abzweigenden, nach Erpfingen führenden Lauchertstraße. Die immer schüttende, romantisch liegende kleine Karstquelle liegt rund 700 m östlich der Melchinger Ortsmitte. Auch hier führt eine Lauchertstraße zum Wanderparkplatz der Ruine Hohenmelchingen. Die gefasste Quelle befindet sich kurz danach an einer Wegegabelung - eine lauschige Verweiloase.

HASENBACH UND WIMSENER WASSERFALL

Schönstes Flusstal der Mittleren Alb

Kristallklares Wasser, mächtige Felsen, wilde Höhlen. Das kleine Glastal ist zweifellos das schönste Flusstal der Mittleren Alb. Schon allein deswegen, weil es völlig verkehrs- und lärmfrei ist. In dem wildromantischen Gebiet entspringt eigentlich nur ein Flüsschen – der Hasenbach. Aber der hat sich beeindruckend tief in den Fels gefressen. Er entspringt in einer ergiebigen Karstquelle, die bis zu 500 l Wasser in der Sekunde ausspuckt. In Trockenzeiten kann es jedoch auch schon mal weniger

als ein1 l sein. Gut 250 m oberhalb des Hasenbachs, am Fuße des mächtigen, gut 100 m hohen Lämmersteins, liegt die 10 m lange und 7 m breite Glashöhle. Flussabwärts plätschert der Bach, der sich immer wieder aufteilt und manchmal aufgestaut wird, ebenerdig mit dem Fußweg Richtung Süden. Kurz vor Ende des felsigen Tals zweigt das kleine Schweiftal nach Norden ab. An der Gabelung liegt die gut sichtbare Alt-Ehrenfels-Höhle und ein von ihr abgetrenntes Felstor. Die aus dem Hasental aufwärts führende Schweiftalschlucht endet nach 300 m mit Felswänden auf der linken Seite, in denen eine Höhle mit drei Eingängen liegt. Kurz vor der Mündung in den Wimsener Höhlenfluss – der Zwiefalter Ach – ergießt sich der Hasenbach nach 2,3 km als breiter Wasserfall über unzählige Felsstufen.

www.hayingen.de

Tipp

Am Abzweig in das Schweiftal führt gleich links ein Pfad hinauf zur Ruine Alt-Ehrenfels. Von der im 13. Jahrhundert erbauten Burg sind noch Mauerreste des Bergfrieds erhalten. Im Jahr 1516 wurde

die unbewohnte Anlage von Soldaten des Klosterstaats Zwiefalten zerstört, weil sich Wegelagerer eingenistet hatten. Das 1765 erbaute Schloss Neu-Ehrenfels diente den Äbten von Zwiefalten als Sommersitz. Heute kann man es für Hochzeiten oder sonstige feierliche Events beim Schlossherrn Roland Freiherr von Saint-André mieten.
www.tress-gastronomie.de

LAGE

3 km westlich von Hayingen entspringt im Glastal der Hasenbach. Dieser mündet nach 2,3 km bei der Wimsener Höhle in mehreren Wasserfällen in die Zwiefalter Aach.

ERREICHBARKEIT

Über die L 245 zwischen Hayingen und Zwiefalten gelangt man zum Parkplatz an der Wimsener Höhle. Direkt daneben befinden sich die lang gezogenen Wasserfälle des Hasenbaches. Dem Flüsschen 1,5 km aufwärts (vorbei an Schloss Ehrenfels) gefolgt, öffnet sich das wildromantische, höhlenreiche Glastal. Nach weiteren 800 m liegt im wildesten Teil des Tales die kleine Felsenquelle. Alternativ ist das Glastal von weiter oberhalb zu begehen: Im Norden Hayingens zweigt von der L 249 der Verbindungsweg nach Pfronstetten-Aichstetten ab. Nach 2 km, am tiefsten Punkt der zunächst abwärts führenden Straße, an der „Hayinger Brücke", liegt links ein Rastplatz. Von hier ist es im Trocktental 1 km bis zur Quelle.

ZILLHAUSER WASSERFALL
Spektakuläres Naturschauspiel

Würde man die geologischen Höhepunkte der Mittleren Alb rein sportlich betrachten, dann zählt der Zillhauser Wasserfall zur Champions League. Das Gefälle in dem kleinen Albdorf liegt mit seinen 26 m Höhe (davon 17 m im freien Fall) zwar hinter den 37 m des berühmten Uracher Wasserfalls, aber dafür trifft man hier auf halber Höhe des Zollernalbtraufs im Gegensatz zum überlaufenen Touristenmagnet im Ermstal so gut wie nie Besucher an.

Der im Nachbardorf Streichen entspringende Büttenbach hat ganze Arbeit geleistet: Auf seinem Weg nach Frommern, wo er in der Eyach aufgeht, hat sich der Bach tief in das Gestein eingeschnitten. Die geologischen Gegebenheiten der härteren Gesteinsschichten bachaufwärts und des viel weicheren Tongesteins des Braunen Juras weiter unten haben zur Entstehung des Wasserfalls geführt. Die hier freigelegten Schichtenfolgen entzücken jeden Geologen. Für den Besucher ist der Wasserfall bei starker Wasserführung ein beeindruckendes Naturschauspiel - auch nach längerem Frost, wenn das Wasser zu Eis gefroren ist. Ein kleiner Wermutstropfen sei nicht verschwiegen: Bei Trockenheit gibt es nicht viel zu sehen.

www.balingen.de

Tipp

Der mit einem „Ammoniten" gut ausgeschilderte GeoWanderweg mit 10 Infotafeln bietet zwei hochinteressante und landschaftlich außergewöhnliche Rundwege zwischen drei und fünf Stunden an. Nach Station 6 kann abgekürzt werden. Entlang der sehr abwechslungsreichen Themenwanderung „Wasser", die bis hinauf auf die Albhochfläche führt, erfährt man jede Menge über die Entstehung von Quellen, Schluchten und Wasserfällen.

LAGE

Der Wasserfall des Büttenbachs in Zillhausen liegt am westlichen Ortsrand des Balinger Teilortes.

ERREICHBARKEIT

Von der B 463 (Balingen-Albstadt) die Abfahrt Dürrwangen Richtung Pfeffingen über Stockenhausen nach Zillhausen. Am dortigen Friedhof beginnt der GeoWanderweg und nach 200 m ist der Wasserfall erreicht. Über 115 Treppenstufen gelangt man an den Fuß des Gefälles.

KLOSTER HEILIGKREUZTAL
Kunstschätze frommer Zisterzienserinnen

Den Geist und die Geschichte der Zisterzienser erfahren – das ist in Heiligkreuztal noch heute möglich. In diesem abgeschiedenen Kloster hat sich vieles erhalten – das Museum in der Bruderkirche mit prächtig ausgestatteter Nonnenempore zeigt neben sakraler Kunst auch beeindruckende Glaubenszeugnisse frommer Frauen. Das Kloster an der Schwelle nach Oberschwaben ist noch nicht zum Ziel von Touristenströmen geworden. Hier ist alles ruhig, überschaubar und mitunter kann man ganz allein durch den großen ummauerten Klostergarten spazieren und sich auf dem Steg des kleineren Klosterweihers sonnen. In der Außenanlage kam als weiteres Kleinod ein neugestalteter Kräutergarten nach dem Vorbild des Reichenauer Abts Walafrid Strabo hinzu.

Im Jahr 1227 wurde das Kloster gestiftet und gelangte 1231 unter päpstlichen Schutz. Die dreischiffige Kirche zu Ehren Marias wurde nach und nach mit prachtvollen Altären und Fresken ausgestattet. Wunderbar ist das farbenprächtige Chorfenster des frühen 14. Jahrhunderts, das als eines der ältesten erhaltenen Maßfensterwerke des Ordens gilt. Von 1611 bis 1802 gehörte das Kloster zu Österreich. 1804 wechselte Heiligkreuztal nach der Säkularisation in den Besitz des württembergischen Königs. Die Anlage war bis 1972 dem Verfall ausgeliefert, ehe sich die Stefanus-Gemeinde der Renovierung annahm.

Das ehemalige Zisterzienserinnenkloster beherbergt heute eine der Tagungsstätten der Diözese Rottenburg-Stuttgart. Bis auf die Tagungsstätten, Wohnräume und die von Gottesdiensten belegten Orten ist die Klosteranlage täglich von 9-18 Uhr frei zugänglich. Die in Heiligkreuztal untergebrachte Stefanus-

Gemeinschaft bietet Bildungsprogramme in zisterziensischer Tradition an. In Kooperation mit dem Geistlichen Zentrum Bussen werden täglich Gottesdienste und Taizégebete im Münster, dem Kapitelsaal oder der Helenakapelle abgehalten. Für Besucher gibt es geschichtliche oder geistliche Rundgänge und Führungen durch die Gesamtanlage und das Münster, www.kloster-heiligkreuztal.de.

Tipp

An vier Sonntagen im Jahr ist das Kloster Ziel einer Josefswallfahrt, www.josefs-wallfahrt.de.
Die bikerfreundliche Klostergaststätte mit Biergarten und regionaler Küche hat täglich geöffnet. Übernachtungsmöglichkeiten auch für Radfahrer und Pilger, www.klosterwirt-heiligkreuztal.de. Das Klosterlädle mit regionalen Produkten hat Di bis So ab 12:30 Uhr geöffnet, www.kloster-heiligkreuztal.de.

LAGE

Das ehemalige Zisterzienserinnenkloster Heiligkreuztal liegt im gleichnamigen Teilort der Gemeinde Altheim westlich von Riedlingen.

ERREICHBARKEIT

Von Riedlingen über die L 277 Richtung Langenenslingen. Weiter durch Andelfingen über die L 278 in 2 km zum Klosterdorf.

EHEMALIGES NONNENKLOSTER MARIABERG

Älteste Behinderteneinrichtung Deutschlands

Nur drei bedeutende Frauenklöster gab es im Mittelalter in der Region Neckar-Alb: Das Klarissenkloster in Pfullingen, das Dominikanerinnenkloster in Offenhausen und das Benediktinerinnenkloster von Mariaberg. 1534 eignete sich der württembergische Herzog Ulrich die Schirmherrschaft über das Kloster an und Mariaberg wurde württembergische Exklave inmitten des hohenzollerischen Gebiets. Im Dreißigjährigen Krieg schwer beschädigt, kam es ab 1682 zum Neubau einer barocken Klosteranlage, die bis heute nahezu unverändert geblieben ist. Im Zentrum liegt der rechteckige Klostergang mit Kreuzgarten. 1802 kam es zur Auflösung des Klosters. 1846 wurde dann Mariaberg im ehemaligen Benediktinerinnenkloster gegründet. 1847 setzte der Uracher Amtsarzt Karl Heinrich Rösch eine revolutionäre Idee um: Er wollte geistig behinderte Menschen nicht nur „verwahren", sondern ihnen Entwicklungsmöglichkeiten anbieten - im ehemaligen Kloster fand er die geeigneten Räumlichkeiten für eine Heil- und Pflegeanstalt. Das Euthanasie-Programm der Nationalsozialisten machte auch vor Mariaberg nicht Halt: 1940 wurden 61 Frauen und Männer nach Grafeneck deportiert und ermordet. Ein Mahnmal im Kirchhof erinnert daran. Aus der ersten Einrichtung für geistig behinderte Menschen in Deutschland wurde auch eine der bedeutendsten. Mariaberg ist heute Hauptsitz der diakonischen Einrichtung für Jugend- und Behindertenhilfe und verfügt über eine nahezu eigenständige Ortsinfrastruktur mit verschiedenen Betrieben, Förderschu-

len und einem Fachkrankenhaus. Rund 1.350 Mitarbeiter betreuen heute 2.700 Menschen.

Die Klosterkirche ist während des Sommerhalbjahres für Besucher geöffnet. Regionale Bioprodukte und Mariaberger Kunsthandwerk gibt es im Ladenverkauf (So geschlossen). Restaurant und Café haben auch So von 11:30-13:30 geöffnet. Das Klosterstüble mit hausgemachten Kuchen und Vesper hat Do ab 15 Uhr und Sa ab 12 Uhr geöffnet. www.mariaberg.de

Tipp

Als „einer der schönsten Punkte Württemberg" wird die Aussicht vom markanten Klosterfelsen gerühmt. Vom oberen Parkplatz, vor den Mariaberger Werkstätten, führt ein schmaler Pfad in eine ehemalige Burganlage. Vom dortigen Trauf hat man tatsächlich einen herrlichen Blick übers Lautertal und auf die Klosteranlage. Immer am ersten Sonntag im Juli findet das Jahresfest statt. Der Mariaberger Tag ist eines der größten und beliebtesten Familienfeste auf der Schwäbischen Alb.

LAGE

Der zu einem Stadtteil herangewachsene ehemalige Klosterort Mariaberg liegt an der B 313 zwischen Trochtelfingen-Mägerkingen und Gammertingen-Bronnen.

ERREICHBARKEIT

Abfahrt von der B 313 steil auf die Höhe über das Laucherttal (Parkmöglichkeit im Tal und in Mariaberg), oder über die Gemeindeverbindungsstraße von Bronnen (1,5 km).

KLOSTERANLAGE URSPRING
Am kürzesten Fluss der Alb

Der Journalist Ulrich Wickert, der Kulturkritiker Hellmuth Karasek, der Basketball-Nationalspieler Lucca Staiger und der Astronaut Klaus-Dietrich Flade haben eines gemeinsam: Sie waren Schüler auf dem Internat der Urspringschule. In dieser idyllisch nicht weit vom Städtchen Schelklingen gelegenen Anlage ließ und lässt es sich in der Tat auch in aller Ruhe lernen. Der abgelegene Ort in einer Talschlinge der Ur-Donau zog bereits zu Beginn des 12. Jahrhunderts Benediktinerinnen in ein Kloster, das von einer Stifterfamilie als Außenstelle von St. Georgen im Schwarzwald errichtet worden war. Der von der Schwarzwälder Mönchsgemeinschaft abhängige arme Frauenkonvent ließ sich am Quelltopf der Urspring nieder – dem mit 580 m kürzesten Flusslauf der Mittleren Alb. Bis zu 2.500 l in der Sekunde sprudeln in das von einer Natursteinmauer gefasste Becken und von dort über zwei Wehre zur Mündung in die Ach. Der blaugrüne Quellkessel – bewohnt von Gänsen und Enten – schimmert je nach Standort in den schönsten Farbschattierungen. Nach dem Klosterbrand 1622 wurde die nahezu komplett abgebrannte Anlage neu gebaut. 1806 ist Kloster Urspring säkularisiert worden. Erhalten haben sich bis heute die Klosterkirche mit spätmittelalterlichem Kirchturm und mittelalterlichen Grabplatten, die Abtei, der Kreuzgang und das „Paradies" -beide aus dem 15. Jahrhundert, die beiden Gästehäuser, der ehemalige von einer Mauer eingefasste Klostergarten und einzelne Kunstdenkmäler. Begeben Sie sich auf einen meditativen Rundgang durch diese spannende Klostergeschichte.

Der Klosterkomplex beherbergt die Urspringschule mit Internat und eine internationale Basketballschule - ist aber, bis auf die Internats-Räumlichkeiten, frei zugänglich. Ebenso der Quelltopf der

Urspring. Die ehemalige Klosterkirche St. Ulrich kann besichtigt werden (Schlüssel im Sekretariat, Tel. 0 73 94/24 60).
www.urspringschule.de

Tipp

Zum oder auch vom netten Städtchen Schelklingen gelangt man über einen Fußweg entlang der Urspring zum Quelltopf der Ach, ein 10 km langer Nebenfluss der Blau. Sie fließt entlang dem völlig freistehenden Lützelberg (614 m) - einem der schönsten Umlaufberge der Alb. Ein Kreuzweg führt 80 m hoch hinauf zur sehenswerten Herz-Jesu-Kapelle aus dem 18. Jahrhundert. Am rechten Talbeginn thront der Turm der Felsruine Hohenschelklingen (Fußweg vom Sportplatz), mit Rundumsicht auf die Stadt.
www.schelklingen.de

LAGE

Das ehemalige Benediktinerinnenkloster Urspring liegt in einem Talkessel nordwestlich von Schelklingen, am Quelltopf des gleichnamigen Flusses.

ERREICHBARKEIT

Von der B 492 in die Stadtmitte Schelklingen abbiegen und der Hauptstraße (L 240) Richtung Hausen/Justingen folgen. Gleich nach dem Ortsende biegt links die K 7329 nach Urspring ab. Nach 1 km liegt am Talende ein Waldparkplatz am Kloster.

MICHAELSKIRCHE BURGFELDEN
Romanisches Kleinod an altem Herrschaftssitz

Wenn einem hier, im obersten Stockwerk der Mittleren Alb, nicht ständig der Wind um die Ohren pfeifen würde, könnte man sich auch irgendwo in den Bergen Italiens wähnen: Das kleine Michaelskirchlein strahlt pure Romanik aus. Besonders der Turmanbau des einfachen, rechteckigen Saalbaus lässt einen Baustil erkennen, wie er im Mittelalter südlich der Alpen gebräuchlich war. Dabei ist das Gotteshaus, dessen heutiges Erscheinungsbild vorwiegend aus dem 11. Jahrhundert stammt, noch viel älter. Zum einzigartigen Kleinod macht die alte Kirche ein archäologischer Fund: In der Mitte der hufeisenförmigen Apsis war bei Raubgrabungen im Jahr 1848 ein gemauertes Doppelgrab entdeckt worden, in dem ein Paar mit einer langobardischen Goldblattkreuz-Beigabe bestattet lag. Knochenanalysen aus dem Jahr 2007 ergaben, dass die beiden unbekannten Hochadligen um die Mitte des 7. Jahrhunderts, aber nicht zeitgleich, hier unter die Erde kamen, also in einer Epoche, als die Franken die Lehre vom Christentum auf die Alb brachten. Das hohe Alter lässt auf ein frühes Herrschergeschlecht schließen, das hier eine eigene Grabkirche errichtet hatte. Das isoliert nach allen Seiten geschützte Plateau mit dem Herrensitz war Mittelpunkt einer Herrschaft, die die umliegenden Talorte Laufen, Pfeffingen, Streichen und Zillhausen umfasste.

Als man 1892 die Kirche abreißen wollte, weil nicht mehr alle Gottesdienstbesucher in ihr Platz fanden, und dabei das Dach abdeckte, spülte der Regen unter dem Putz einzigartige Fresken frei. Die Wandmalereien haben Ähnlichkeit mit denen von St. Georg in Oberzell auf der Insel Reichenau und stammen aus der Zeit um 1070/80. Im Gegensatz zu den Darstellungen am Bodensee sind die Wandmalereien in Burgfelden aber lebhafter, wenn auch teilweise verwittert und unvollständig. Auf der Stirnseite ist eine dramatische Darstellung des Jüngsten Gerichts abgebildet, auf der linken Wand erkennt man die Geschichte vom Barmherzigen, auf der rechten Seitenwand ist die Erzählung vom armen Lazarus dargestellt.

Der Förderverein Burgfelden bietet in der frei zugänglichen Kirche Führungen an. Falls geschlossen, kann der Schlüssel bei Familie Mayer, Burgweg 18, ausgeliehen werden. Tel.: 0 74 35/555. www.burgfelderinfo.de

Tipp

Vom Wanderparkplatz geht es über eine ebene Wiesenfläche in wenigen Minuten zu einem der spektakulärsten Aussichtspunkte der Zollernalb: dem Böllat, einem nach drei Seiten abfallenden Felsvorsprung. Von hier oben bietet sich eine märchenhafte Aussicht über das Neckarland bis zu den Höhen des Schwarzwalds, im Nahbereich blickt man auf die Balinger Berge.

LAGE

Am Ortsrand von Albstadt-Burgfelden

ERREICHBARKEIT

Die romanische Michaelskirche liegt im zweithöchstgelegenen Albdorf Württembergs auf 912 m. Als einzige Zufahrt führt die K 7142 von Albstadt-Pfeffingen auf die Höhe. Parkplatz am Ortsrand, Kirche liegt in der Dorfmitte.

MICHAELSKIRCHE VERINGENDORF
Älteste Kirche Hohenzollerns

Auch kunsthistorischen Laien sticht die für Kirchen auf der Alb ungewöhnliche Architektur sofort ins Auge: Die weißen Doppeltürme von Veringendorf erinnern an die Säulenbasilika St. Peter und Paul in Niederzell auf der Bodenseeinsel Reichenau. Zwischen beiden Orten gibt es nämlich auch eine Verbindung: Reichenaus berühmtester Mönch und großer Wissenschaftler seiner Zeit, Heinrich der Lahme, war Familienangehöriger der im Laucherttal begüterten Grafen von Veringen. In der ursprünglich dreischiffigen Basilika von Veringendorf (die Mittelapside wurde im 14. Jahrhundert zugunsten einer quadratischen Chorerweiterung beseitigt) hat sich höchstwahrscheinlich sogar ein bildlicher Hinweis auf den gelehrten Mönch erhalten: Das Wandfresko aus dem 14. Jahrhundert zeigt einen knieenden Mönch, der Hermann den Lahmen darstellen könnte. Gemalt hat es ein Konstanzer Meister. Man vermutet hier die älteste sichere Darstellung des Universalgelehrten. Die verblassten Schriftbänder beinhalten vermutlich die ersten Zeilen des Salve Regina - einen heute noch im Stundengebet verwendeten lateinischen Text, der von Hermann in seinem Todesjahr 1054 verfasst worden war. Die St. Michaelskirche in Veringendorf wetteifert mit der Weilerkapelle von Haigerloch-Owingen um den Titel „älteste Kirche Hohenzollerns". Der heute noch sichtbaren Bausubstanz nach gebührt dem romanischen Kirchlein an der Eyach zwar die Ehre, aber von den Fundamenten her ist die Anlage an der Lauchert tatsächlich älter: Sie stammt - gebaut auf den Resten einer Holzkirche des 8. Jahrhunderts - aus der Zeit um 1100. Veringen, das Dorf, ist die Ursiedlung im Laucherttal und Zentrum der Christianisierung. Veringen, die Stadt, ist eine um 1250 angelegte Neusiedlung unter der dort erbauten Felsenburg.

Von der romanischen Basilika sind heute noch die Choranlage sowie die

Türme über den Nebenchören erhalten. Der Taufstein ist etwa tausend Jahre alt, etwas jünger ist das um 1330 angefertigte Kruzifix, eine Madonna von 1420 sowie eine Pietà (um 1500). Bemerkenswert sind die 1964 entdeckten Fresken aus dem 13. Jahrhundert - geschaffen, um den des Lesens nicht mächtigen, einfachen Leuten Glaubensinhalte zu vermitteln. Einzigartig ist der über tausend Jahre alte Friedhof um die Kirche.

www.veringenstadt.de;
www.se-veringen.de

Tipp

Lernen Sie auf einem kleinen Rundgang das historische Veringendorf kennen: Augenfällig sind dabei das Nepomuktürmchen von 1638 und ein Bildstock von 1371 - beide stehen am Mühlekanal zum Gedenken an die Opfer der um 1640 wütenden Pest. Nahezu das gesamte Oberdorf kam ums Leben.

LAGE

Veringendorf liegt im Laucherttal zwischen Gammertingen und Sigmaringen.

ERREICHBARKEIT

Die Pfarrkirche St. Michael liegt in Veringendorf, zwischen Jungnau und Veringenstadt. Das doppeltürmige Gotteshaus in der Ortsmitte ist von der ortsdurchführenden B 313 nicht zu übersehen.

MÜNSTER ZWIEFALTEN UNSERER LIEBEN FRAU

Meisterwerk des deutschen Spätbarocks auf der Alb

Mittelpunkt des ehemaligen Kloster- und Wallfahrtsortes ist das Münster „Unserer lieben Frau". Es gilt als ein „Meisterwerk des deutschen Spätbarock". Von 1739 an setzen sich die seinerzeit begnadetsten Künstler des südwestdeutschen Raumes ihr eigenes Denkmal: Mit verschwenderischer Fülle ging Johann Michael Feichtmayr bei den einzigartigen Stuckaturen ans Werk. Franz Josef Spiegler aus Wangen malte die herrlichen Deckenfresken und Joseph Christian aus Riedlingen schuf mit dem Chorgestühl eines der Hauptschmuckstücke der Kirche. Möglich war das erst, nachdem einer der ganz großen Baumeister seiner Zeit, der Münchner Johann Michael Fischer, sein Werk vollendet hatte und einem der größten Kirchenräume Deutschlands für die opulente Ausstattung Raum gab.

Zwiefalten verdankt seine Bedeutung dem ehemaligen Kloster, das im Jahre 1089 von Benediktinermönchen aus Hirsau gegründet wurde. Das Kloster entwickelte sich dank weiterer Stiftungen zu einem kulturellen und religiösen Zentrum der Region und wurde 1750 zur Reichsabtei erhoben. Ständige Reibereien mit dem protestantischen Nachbarn Württemberg konnten dem Kloster nichts anhaben. Im Gegenteil: Der wirtschaftliche Aufschwung spiegelt sich in den verschiedenen erkennbaren Bauphasen wider. Das monastische Leben nahm 1802, nach der Neuordnung Europas durch Napoleon, ein jähes Ende: Inmitten seiner Blüte wurde die Reichsabtei bei der Säkularisation 1803 gewaltsam aufgelöst. Ab 1812 war hier die königlich württembergische Heilanstalt zu Hause. Aus dem ältesten psychiatrischen Krankenhaus des Landes ist heute ein modernes Zentrum für Psychiatrie geworden.

In der ehemaligen Klosteranlage befindet sich heute ein Zentrum für Psychiatrie. Das einmalige Münster

sowie zahlreiche besinnliche Herrgottswinkel in der Außenanlage sind jedoch frei zugänglich. Im Sommerhalbjahr ist das Münster täglich von 9:30-18 Uhr geöffnet. Im Winterhalbjahr an So und Fei von 9:30-16 Uhr, die Vorhalle kann Mo bis Sa von 10-16 Uhr besichtigt werden. Der Chorraum darf nur im Rahmen von Münsterführungen besucht werden.
www.Zwiefalten.de

Tipp

Das Vermächtnis der Mönche lebt gegenüber den Klostermauern in den Produkten der Zwiefalter Klosterbrauerei weiter. Mit dem Brauwasser aus dem 130 m tiefen Klosterbrunnen, Gerste von den Feldern der Alb und Hopfen aus Oberschwaben wird die seit 1521 nachgewiesene Biertradition aufrechterhalten. Eine Erlebnisführung durch den Betrieb mit regionalem Vesper gibt's bei rechtzeitiger Terminabsprache. www.zwiefalter.de

LAGE

Das ehemalige Benediktinerkloster liegt in der Ortsmitte von Zwiefalten.

ERREICHBARKEIT

An der B 312, die durch Zwiefalten führt, gibt es direkt vor der Klosteranlage Parkplätze. Weitere Parkplätze liegen östlich der Anlage bei der Rentalhalle und ortsauswärts Richtung Mörsingen, nach der Klosterbrauerei.

SCHLOSS MOCHENTAL
Barockes Schloss und moderne Kunst

Sein Lebensende verbrachte der letzte Abt des 1802 aufgelösten Klosterstaates Zwiefalten auf Schloss Mochental. Die Propstei – der Verwaltungssitz der Mönchsgemeinschaft – wurde zwischen dem 16. und 17. Jahrhundert inmitten einer zerfallenen Burg aus dem 11. Jahrhundert errichtet. 1730 zerstörte ein Großfeuer das Hauptgebäude. Als Schloss mit 365 Fenstern wurde es in seiner heutigen Gestalt wieder aufgebaut. Nach dem Tod des Abtes 1816 war das Schloss Sitz des württembergischen Forstamts. Nach Ende des Zweiten Weltkrieges hatte die französische Militärregierung ihren Sitz in Mochental. Um 1985 ging das Schloss in Privatbesitz. Der Kurator der art Karlsruhe, Ewald Karl Schrade, richtete in dem Anwesen eine dauerhafte Kunstgalerie ein, die mittlerweile deutschlandweit Ansehen genießt. In den 2.500 Quadratmetern prächtige Räumlichkeiten des Schlosses werden wechselnde, anspruchsvolle Ausstellungen der klassischen Moderne und Gegenwartskunst gezeigt.
Eine skurrile Besonderheit stellt das weltweit erste Besenmuseum dar – es kann aber im Land der Kehrwoche auch nur mitten in Württemberg liegen: Vom völlig abgefegten Allgäuer Stubenbesen bis zum kenianischen Affenschwanzbesen reicht die Palette der vom Galeristen Schrade zusammengetragenen Exponate aus der ganzen Welt. Es gibt nicht nur viel zu bestaunen, sondern vor allem jede Menge amüsante und kulturgeschichtlich faszinierende Hintergründe zu erfahren.

Die ehemalige Klosteranlage liegt inmitten herrlicher Landschaft – frei zugänglich sind Außenbereich und Innenhof des Flügelbaus. Besonders sehenswert ist der Freskenzyklus in der Nikolauskapelle. Die Galerie im Schlossgebäude und das Besenmuseum haben Di bis Sa von 13-17 Uhr, So und Fei von 11-17 Uhr geöffnet. Es gibt ein Bistro mit Schlossgaststätte und Terrasse. www.galerie-schrade.de

Tipp

Von Mochental sind es nur noch 7 km in das Donaustädtchen Munderkingen. Die malerisch-verwinkelte Kleinstadt mit zahlreichen Fachwerkhäusern, historischen Gebäuden und dem berühmten Renaissance-Brunnen ist einer der Höhepunkte der Oberschwäbischen Barockstraße.
www.munderkingen.de

LAGE

Schloss Mochental mit Kunstgalerie und Besenmuseum liegt nordwestlich von Munderkingen auf einer Anhöhe am Südrand der Alb.

ERREICHBARKEIT

Von der B 311 Höhe Munderkingen Richtung Kirchen auf die K 7344 abbiegen. An der Kreuzung mit der K 7414 links Richtung Lauterach bis zur Abzweigung zum Schloss Mochental.

SCHLOSS UND STÄDTCHEN HETTINGEN
Zweitkleinste Stadt Baden-Württembergs

Von der zweitkleinsten Stadt Baden-Württembergs (nach Langenburg bei Schwäbisch Hall) nehmen Touristen leider kaum Notiz: Wer zwischen Sigmaringen und Gammertingen im Laucherttal unterwegs ist, passiert den Ort in weniger als einer Minute. Nur etwa 800 Einwohner leben hier. Hettingens einziger Stadtteil Inneringen ist mit fast 1.000 Einwohnern größer und hat – nicht eingezwängt in das enge Tal in 630 m Höhe – auch eine weitere Fläche. Allerdings ist Inneringen selbst auch nur zweitplatziert: Beim Titel „höchstgelegene Siedlungsfläche in den Hohenzoller'schen Landen" rangiert die über 800 m hoch liegende Siedlung hinter dem Burladinger Weiler Hermansdorf.

Dass sich Hettingen als Stadt bezeichnen und mit einem eindrucksvollen Schloss und drei bedeutenden Sakralbauten schmücken kann, liegt an ihrer Herrschaftsgeschichte: Um 1120 verlagerten die Grafen von Gammertingen ihren Stammsitz von Burg Baldenstein (heute eindrucksvolle Ruine) wenige Kilometer weiter zum Dorf Hettingen. Von hier aus konnten sie bequem das ganze Tal kontrollieren. Aus dieser Zeit stammt die Torauffahrt mit den Buckelquadern. Gut 100 Jahre später erlosch die Familie, und die Herrschaft fiel an die benachbarten Grafen von Veringen, die die Burg zur Festung ausbauten und eine Stadtanlage nördlich der 1401 geweihten Martinskirche bauen ließen. Hiervon zeugt noch die Schildmauer im Norden der Burg sowie die hangabwärts führende Stadtmauerverbindung. Als der letzte Veringer auf der Burg um 1415 starb, kam Hettingen über Württemberg 1466 an die Herren von Bubenhofen. Einer der Bubenhofen-Brüder machte die Burg zum Stammsitz seiner Familie und richtete ein feudales Schloss ein, was ihn aber finanziell ruinierte. Die Herrschaft Hettingen-Gammertingen ging 1524 schließlich an die Herren von Speth, die die Marienkapelle und die Sebastianskapelle beim Friedhof bauen ließen. Um 1720 ließ Freiherr Franz-Anton von Speth ein neues Schloss errichten und bezog in den Neubau das romanische Burgtor mit ein. In der Folgezeit war das Schloss Fabrik, Forsthaus und Wohnstätte der Schwester des Reichsgrafen von Spee. 1991 folgte die Sanierung und der Umbau zum Rathaus.

www.hettingen.de

Tipp

Im Fasnachtsmuseum Narrenburg sind auf 400 Quadratmeter die vielen bunten Facetten der europäischen Fastnachtsbräuche dokumentiert. Dabei werden nicht nur die prächtigen Masken, Kostüme und „Häser" gezeigt, sondern auch auf spannende und ansprechende Weise die dahinterstehenden Geschichten erzählt. Geöffnet So und Fei von 13:30-17 Uhr.
www.fastnachtsmuseum-narrenburg.de

LAGE

Hettingen liegt im Laucherttal zwischen Gammertingen und Sigmaringen.

ERREICHBARKEIT

Schloss Hettingen thront auf einem Felsrücken über dem Städtchen. In der Anlage sind Rathaus und Fasnachtsmuseum untergebracht. Ein schmaler Fahrweg führt hinauf, Parkmöglichkeiten sind vorhanden. Tolle Sicht über die Stadt.

WALLFAHRTSKAPELLE MARIA ZELL
Von Engeln erbaut

Die Legende erzählt, dass das kleine Kirchlein „Mariazell" vom Albhang hinunter nach Boll verlegt wurde. Doch über Nacht hätten es Engel wieder zurück an seinen angestammten Platz gesetzt. Die Geschichte hat einen wahren Kern, der uns ins 15. Jahrhundert zurückführt. Damals stand hier am Talende ein kleines Dorf namens Zell, das aufgegeben wurde. Die Bewohner zogen hinab in das breite Tal bei Boll. Die schnell wachsende Gemeinde stand ohne Kirche da, so dass es zum Bau der St. Nikolauskirche kam. Obwohl nun „die Kirche im Dorf" stand, hielten die Zugezogenen ihrem alten Gotteshaus die Treue: Der romantische Platz wurde Ziel von Marienwallfahrten. Im Dreißigjährigen Krieg stark beschädigt, kam es 1655 zum Wiederaufbau und hundert Jahre später zu einer umfassenden Erweiterung. Im Jahre 1863 wurde das Kirchlein der Heiligen Dreifaltigkeit geweiht, nach verschiedenen Erdbeben mehrfach renoviert und ausgeschmückt.

Zell war aus einer Mönchsansiedlung des Klosters St. Gallen hervorgegangen, die sich 789 hier niedergelassen hatte. Hier begann fortan die „Erntstaig", über die die landwirtschaftlichen Abgaben aus den Besitzungen des Klosters auf direktem Weg Richtung Heimatkloster transportiert wurden. Aus der Mönchszelle entwickelte sich eine Siedlung mit Ortsadel. Die Herren von Zell kontrollierten die wichtige Transportroute mit Burganlage und ließen eine Pfarrkirche errichten, die man zunächst dem Klostergründer St. Gallus weihte. Im 11. Jahrhundert traten die Ortsherren in die Dienste der mächtigen Grafen von Zollern und übernahmen das erbliche Hofamt eines Schenken. Die Familie Schenken von Zell zog in einen repräsentativeren Sitz auf der Andeck bei Mössingen-Talheim (vgl. Kapitel Burg Andeck). Ein anderer Zweig errichtete im Starzeltal bei Rangendingen eine Burg und begründete die berühmte Adelsfamilie der Schenken von Stauffenberg.

Ein Kreuzweg führt hinauf zur Kapelle. Sie ist für Besucher vom 1. Mai bis 1. November So und Fei von 12-17 Uhr geöffnet oder nach Absprache mit dem Förderverein Maria Zell (Führungen: Tel.: 0 74 71/22 96 oder 151 33). Die Außenanlage mit Ortsfriedhof ist frei zugänglich. www.mariazell-boll.de

Tipp

Maria Zell und Burg Hohenzollern verbinden Hunderte von Jahren gemeinsamer Geschichte. Deutsche Kaiser haben auf der Burg Hohenzollern ihre Wurzeln. Besucher atmen große Geschichte ein! Schon der Rundumblick ist einzigartig. Burg, Café, Biergarten und Shop haben ganzjährig täglich ab 10 Uhr geöffnet. Die Besichtigung der Innenräume ist nur im Rahmen einer Führung möglich. Die Außenanlage und die beiden Burg-Kapellen sind frei zugänglich. www.burg-hohenzollern.com.

LAGE

Die Wallfahrtskapelle Maria Zell liegt am Albtrauf, 1,5 km südlich des Hechinger Stadtteils Boll, unterhalb der Burg Hohenzollern.

ERREICHBARKEIT

Von der B 27-Abfahrt Hechingen Süd/Burg Hohenzollern Richtung Stadtmitte, dann rechts unter der B 27 durch zum Stadtteil Boll, Richtung Kirche. Von dort schöner Spaziergang (1 km) auf schmalem Sträßle ortsauswärts oder direkt zum Wanderparkplatz unterhalb der Kapelle fahren.

WALLFAHRTSKAPELLE ST. ANNA AUF DEM KORNBÜHL

Bergbauzentrum der Schwäbischen Alb

Um wieviel höher als heute die Mittlere Alb vor Millionen von Jahren war, zeigt eindrucksvoll der fast kreisrunde Kornbühl. Er verdankt seinen Widerstand gegen die Abtragung durch Wind und Wasser zwei besonders hartnäckigen Kalkstein-Formationen. Geologisch gilt er als Zeugenberg, weil er Zeugnis davon ablegt, wie die Landschaft hier einmal ausgesehen hat, bevor die Erosion einsetzte. Auf dem im Osten benachbarten Köbele zeugen Bohnerzgruben von einem ehemaligen Flusslauf – auf 900 m Höhe! Die bohnenförmigen Eisenknollen entstanden bei tropischer Verwitterung und haben sich oft an Ufern oder in Klüften abgelagert. Eines der Hauptvorkommen dieses begehrten Rohstoffes liegt in der Region zwischen Willmandingen und Veringenstadt. Man kann die Gegend durchaus als einstiges schwäbisches Bergbauzentrum bezeichnen! Die Förderung der Klumpen für die Eisenherstellung begann bereits in keltischer Zeit, wurde intensiv im Mittelalter und zuletzt fast schon industriell im 19. Jahrhundert betrieben, auch untertage. Was hat das nun mit der Kapelle auf dem Kornbühl zu tun?

Die Heilige Anna wird von den Bergleuten seit dem 15. Jahrhundert als Patronin verehrt, was sich in Kapellenbauten und Bildstöcken widerspiegelt, die im Bohnerzabbaugebiet liegen (Ringingen, Jungingen, Veringen). Der Berg wurde bald Ziel von Prozessionen und einer Kornbühlwallfahrt der bäuerlichen Bevölkerung. Im 18. Jahrhundert lebten Eremiten auf dem Berg. Eine Statue erinnert an die 30 m östlich der Kapelle gelegene Klause, die 1872 abgebrochen wurde. Heute wird nur noch am 26. Juli, dem Namenstag der Heiligen Anna, die Messe in der Kapelle gelesen und an Fronleichnam am Bergfuß Gottesdienst gehalten. Die 1507 erstmals erwähnte Kapelle könnte die Tradition einer uralten Wallfahrtsstätte weiterführen. So fanden sich keltische Keramikreste am Fuße des Kornbühls, dessen Name möglicherweise vom keltischen „corn“ für „Stein“ abgeleitet ist, letztlich auf eine indogermanische Wurzel zurückgeht, die im Wort „Horn“ steckt und die Form des Berges widerspiegelt.

www.salmendingen.de

Tipp

Die Spuren des über 2.500 Jahre alten Bohnerzabbaus lassen sich auf zwei Berghöhen eindrucksvoll nachverfolgen: Am bequemsten gelangt man zu den tiefen Gruben auf dem Monkberg (im ansteigenden Wald unmittelbar hinter dem Salmendinger Sportplatz) - höhlenartige Stollengräben ziehen sich über die bewaldete Bergkuppe des Eisenloch 1 km östlich des Ringinger Sportplatzes.

LAGE

Die Kuppe des Kornbühls mit der St. Anna-Kapelle liegt zwischen den Burladinger Teilorten Salmendingen und Ringingen.

ERREICHBARKEIT

Am Fuße des Kornbühls gibt es einen großen Wanderparkplatz, Ausgangspunkt mehrerer reizvoller Rundwanderwege. Auf die 886 m hohe Kuppe (mit hervorragender Rundumsicht) führt ein 1886 angelegter Kreuzweg mit 14 Stationen zur Kapelle mit den drei Kreuzen, die den Kalvarienberg symbolisieren.

HOHENNEUFFEN
Wiege des Landes und berühmtes Gefängnis

Alcatraz, Tower of London, Robben Island – Hohenneuffen. Einige Gefängnisse haben zweifelhafte Berühmtheit erlangt. Hohenneuffen war zu allen Zeiten der ideale Ort, um wichtige Gefangene festzusetzen: 1522 kam der regierende Abt des Klosterstaats Zwiefalten, Georg Fischer, im Staatsgefängnis in Haft. Der berühmte Tübinger Vogt Konrad Breuning musste sich 1517 im hohen Alter der Willkür des Regenten beugen und kam in die Kerker der Albfestung. Herzog Ulrich von Württemberg ließ Breuning noch im selben Jahr auf dem Stuttgarter Marktplatz enthaupten – ein Justizmord, der im ganzen Land für Entsetzen sorgte. Im 17. Jahrhundert widerfuhr Matthäus Enzlin, dem Kanzler des Herzogs, ein ähnliches Schicksal. Nach vergeblichen Befreiungsversuchen wurde er am 22. November 1613 auf dem Uracher Marktplatz enthauptet. Schließlich war 1737 der berühmte Financier des Herzogs, der Jude Joseph Süß Oppenheimer, Gefangener auf Hohenneuffen. Er wurde am 4. Februar 1738 auf dem Stuttgarter Galgenbuckel gehenkt und seine Leiche sechs Jahre lang in einem eisernen Käfig öffentlich zur Schau gestellt.

Die vor 1140 erbaute Burg bewahrte sich bis zum 16. Jahrhundert den Charakter eines feudalen, adligen Wohnsitzes. Dann wurde die uneinnehmbare Burg vom Württembergischen Herzog Ulrich zur Landesfestung ausgebaut, zweihundert Jahre später erhielt sie ihr heutiges Gesicht als Bastion. Um 1800 verlor die Anlage ihren militärischen Nutzen und wurde schon bald zum beliebten Ausflugsziel. Der Hohenneuffen gilt auch als die „Wiege des Bundeslandes Baden-Württemberg". Die Alliierten hatten 1945/46 die Länder Württemberg-Baden in der amerikanischen sowie Württemberg-Hohenzollern und Baden in der französischen Zone gegründet. Die drei Regierungschefs strebten aber einen Zusammenschluss an: Am 2. August 1948 kam es zur Dreiländerkonferenz auf der Burg. Eine Gedenktafel erinnert an die Konferenz, die 1952 zur Bildung des heutigen Südweststaates führte.

www.hohenneuffen.de

Tipp

Auf der Burganlage wird das Jahr über ein vielfältiges kulinarisches und kulturelles Veranstaltungsprogramm geboten. Die verschiedenen Ebenen innerhalb der größten Burgruine Süddeutschlands begeistern vor allem Kinder. Der Eintritt zur Burg ist frei. Das Restaurant ist ganzjährig geöffnet (Mo und Di Ruhetag); der Kiosk ist täglich geöffnet, hat aber im Winterhalbjahr ebenfalls die beiden Ruhetage.

LAGE

Östlich des Städtchens Neuffen

ERREICHBARKEIT

Die Burg Hohenneuffen (743 m) erreicht man bequem über die Straße: Von Hülben bzw. Erkenbrechtsweiler führt die K 1244 zu einem großen Parkplatz am Rande des Albtraufs. Von dort geht es in wenigen Minuten über einen Bergsattel zu Fuß, letztes Wegstück recht steil, zur Burg. In der imposanten Anlage gibt es ein Restaurant mit Biergarten und Kiosk. Von Beuren und Balzholz sowie Neuffen führen verschiedene Wanderwege auf die Burg.

RUINE HOHENWITTLINGEN
Festung und Gefängnis

Auf den ersten Blick ist der Hohenwittlingen eine der vielen romantischen Burgruinen, deren umfangreiche Mauerreste mit unvergleichlicher Aussicht auf das Ermstal die Erinnerung an das mittelalterliche Rittertum aufrechterhalten. Tatsächlich stammt die ursprüngliche Anlage aus dem 11. Jahrhundert, kam 1251 dann in den Besitz der Grafen von Württemberg und wurde eine ihrer Hauptburgen. 1548 fand der verfolgte Reformator Johannes Brenz Schutz auf der Burg. Als „Luthers Mann der ersten Stunde" war Brenz wichtigster theologischer Ratgeber des Herzogs Christoph von Württemberg. Brenz, der 1570 starb, wurde in der Stuttgarter Stiftskirche unter der Kanzel beigesetzt, wo sich seine Grablege heute noch befindet. Dem einen ein Asyl, den anderen die Haft: Ab 1560 war die Burg über der Erms ein Internierungslager für Männer aus den Wiedertäufergemeinden der Hutterer. Diese strebten ein Leben nach dem Vorbild der Jerusalemer Urgemeinde in der Nachfolge Christi an, standen für die Erwachsenentaufe und lehnten den Kriegsdienst ab. Dafür wurden sie vom Kaiser verfolgt. Sie hatten die Möglichkeit, katholisch zu werden oder das Land zu verlassen. In der Ruine erinnert eine Tafel an zwei hier 19 Jahre lang festgehaltene Vorsteher der Glaubensgemeinschaft, Paul Glock und Matthias Binder. Als in der Burg 1576 ein Großbrand wütete, half Glock beim Löschen und wurde daraufhin freigelassen.

In den Wirren des Dreißigjährigen Krieges wurde die teils wieder aufgebaute Burg Stützpunkt einer Garnison von Musketieren, die in der Gegend eine Art Polizeidienst aufrechterhielten. Nach Kriegsende 1648 dienten die langsam zerfallenden Anlagen als Gefängnis für Wilderer und Verbrecher aller Art.

www.bad-urach.de

Tipp

Auf Hohenwittlingen lebte seit 1864 David Friedrich Weinland, der Autor des berühmten Jugendromans Rulaman. Er starb 1915. Die Grabstätte seiner Familie liegt zwischen Burg und dem nahen Hofgut Hohenwittlingen am Waldrand. Rund 50 m östlich der Ruine führt ein Pfad 30 m abwärts zu den Schauplätzen des Romans – der „Tulkahöhe" (Schillingsloch). Unterhalb des Burgfelsens liegt die „Staffahöhle" (Steffesloch), allerdings heute ein geschütztes Naturdenkmal (vgl. Kapitel Rulaman-Pfad).

LAGE

Die Felsenburg liegt westlich von Bad Urach-Wittlingen über dem Ermstal.

ERREICHBARKEIT

Die bequemste Anfahrt geht über die Hochfläche: In Wittlingen folgt man der Beschilderung in die Hohenwittlinger Straße. Diese führt westlich ortsauswärts zu einem Wanderparkplatz. Von dort gelangt man ebenerdig (1 km) zur frei zugänglichen Ruine. Alternativ führt ein 800 m langer und steiler Pfad vom Wanderparkplatz am Fuße der Ruine (direkt an Abzweigung Wittlingen von der B 465) zur Burg. Der Höhenunterschied beträgt allerdings 160 m.

FESTUNGSANLAGE ALT-HAYINGEN
Ein keltisches oppidum?

Südlich von Indelhausen liegt rund 70 m über dem Lautertal eine der gewaltigsten und rätselhaftesten Wallanlagen der Schwäbischen Alb. Die beeindruckende, mit Wald bewachsene Bergfestung hat die Form einer Pfeilspitze und ist ringsum mit Graben und Erdwällen gesichert. An ihrer gewinkelten Ostseite ist die Abwehrlinie über 300 m lang und besonders gesichert: In den zum Tal abfallenden Hängen sind zusätzliche metertiefe Gräben gezogen. Das Ausmaß der Anlage setzt eine große Gefolgschaft des Bauherren voraus. Der Sage nach soll hier der Vorläufer des im 9. Jahrhundert n. Chr. ge-

nannten Dorfes Hayingen gestanden haben. Ursprünglich macht das Bergplateau aber den Eindruck eines spätkeltischen oppidum, so die Bezeichnung Julius Cäsars für eine befestigte gallische Stadt. Allerdings gibt es auf dem archäologisch kaum untersuchten Berg bisher keine Funde (Handelsware), wie sie aus der gesicherten antiken Stadtanlage bei Grabenstetten (Heidengraben) aus der Zeit um 100 v. Chr. vorliegen. Sicher ist allerdings, dass zumindest auf der Plateau-Südspitze eine hallstattzeitliche und damit 500 Jahre jüngere Siedlung lag, wofür die Funde unter den dortigen Steinhügeln sprechen. Die hier entdeckten Schmuckstücke stammen aus Werkstätten der frühen Keltenstadt Pyrene (Heuneburg) an der Donau bei Hundersingen.

www.hayingen.de

Tipp

Unterhalb der jäh abfallenden Südspitze liegen die einzigartigen Gerberhöhlen. Die große Grotte bot sich als ideales Versteck an - in ihr fanden sich vorgeschichtliche Scherben. Die Höhle zieht sich auf einer Länge von 57 m und bis zu 7 m hoch in den Fels hinein (Taschenlampe!). Sie ist eine von nur zehn Höhlen auf der Alb, wo der Höhlenbär seine Spuren an Wänden hinterlassen hat. Im hinteren Teil finden sich Abriebe durch das ständig vorbeistreifende Fell. Die unterhalb liegende Kleine Gerberhöhle ist mit ihren fünf Öffnungen einmalig. Rund 20 m links davon öffnet sich noch die Gerber-Nebenhöhle.

LAGE

Zwischen Hayingen und den Teilorten Indelhausen und Anhausen im Lautertal.

ERREICHBARKEIT

Am Ende des befahrbaren Lautertals zweigt die K 6769 in Indelhausen nach rechts auf die Höhe Richtung Hayingen. In der Kurve biegt links der Ringwallweg ab, der nach wenigen hundert Meter auf eine Hochfläche stößt. An der ersten Wegekreuzung verläuft ein Wiesenweg nach links durch den äußeren Wall in die Bergfestung. Ein Rundweg führt entlang des inneren Walls an die felsige Südspitze (Aussichtspunkt) über der tiefen Fichteltal-Schlucht. Über einen Treppen-Pfad gelangt man zu den 10 m darunterliegenden vier Gerberhöhlen.
Achtung: Fledermaus-Winterruhe vom 15.11 bis 15.4.!

KELTISCHES OPPIDUM HEIDENGRABEN

Mitteleuropas größte befestigte Siedlung der Eisenzeit

Der Heidengraben – die größte, befestigte vorchristliche Siedlung Mitteleuropas – ist ein Ort der Superlative: Die 1.770 Hektar große Fläche der stadtähnlichen Anlage erstreckt sich über das gesamte halbinselartige Plateau der Alb nördlich von Bad Urach. Die 10 km langen Wehranlagen haben dem im Frühmittelalter gegründeten Dorf Grabenstetten seinen Namen gegeben. Von den deichartigen Wällen sind einige markante Abschnitte erhalten geblieben. Das antike, eng bebaute Zentrum bildete die von einem etwa 6,8 km langen Befestigungsring umgebene, etwa 165 Hektar große Elsachstadt. Außerhalb der „Stadtmauern" standen zahlreiche Gehöfte und kleine Weiler. Die neuzeitliche Bezeichnung ist angelehnt an den Namen des Flusses Elsach unten im Tal. Ihr wirklicher antiker Name war Riusiava. Julius Cäsar hatte die befestigten Städte der Gallier als „oppida" (Einzahl: oppidum) bezeichnet. Von der geheimnisvollen „gallischen Stadt", wie man sie früher nannte, sind bisher nicht einmal zehn Prozent der Fläche untersucht worden! Die beherrschende Stellung dieser um 150 v. Chr. mit tausenden Menschen bewohnten Stadt, währte wahrscheinlich nur rund dreißig Jahre. Riusiava war ein Handelszentrum - gelegen zwischen den Verschiffungsstellen des 10 km entfernten Neckars und der Donau bei Zwiefalten. Umfangreiche keltische Münzfunde, Amphorenscherben mit Resten von Fischsuppe und Luxusgeschirr zeugen vom gehobenen Lebensstil in der einstigen Metropole, deren Bewohner an der Schwelle zur Hochkultur standen.

Am Burrenhof beginnt übrigens offiziell der 23 km (!) lange Archäologische Lehrpfad (Wegesymbol ist ein keltischer Achsnagel). Der Name der beliebten Ausflugsgaststätte (Mo Ruhetag) bezieht sich auf die zahlreichen frühkeltischen Grabhügel (Burren) in unmittelbarer Nähe. www.burrenhof.de; www.kelten-heidengraben.de

Tipp

Die wenigen Originalfunde aus der Keltenstadt und dem 22 Hügel umfassenden Friedhof beim Burrenhof zeigt das kleine Keltenmuseum in Grabenstetten. Geöffnet von Mai bis September, So von 14-17 Uhr.
www.grabenstetten.de;
www.heidengraben.com

LAGE

Nördlich von Urach auf der gesamten Berghalbinsel zwischen Hülben, Burg Hohenneuffen, Erkenbrechtsweiler und Grabenstetten

ERREICHBARKEIT

Von der größten befestigten Siedlung der späten Keltenzeit haben sich auf der Berghalbinsel Wallanlagen erhalten. Der 23 km lange Achsnagelweg bietet an den folgenden fünf Punkten Einstiegsmöglichkeiten für eine Erkundung der antiken „Stadtmauer" an. An jeder Stelle befindet sich eine anschauliche Infotafel:

1. Steige von Beuren nach Erkenbrechtsweiler (K 1262), oben auf der Höhe liegt linker Hand ein Wanderparkplatz.
2. Am Ende der von Erkenbrechtsweiler herführenden Straße (K 1244) liegt der große Waldparkplatz für Burg Hohenneuffen.
3. Links des Abschnitts, wo die Straße von Hülben (L 250) Richtung Erkenbrechtsweiler vor dem Burrenhof den Wall durchquert.
4. Linker Hand von der Stelle, wo die Straße von Böhringen nach Grabenstetten (K 6758) den Wall durchquert.
5. Im kurzen Abschnitt, wo die K 6759 vom Burrenhof Richtung Grabenstetten rechts direkt neben dem Wall verläuft.

GROSSE HEUNEBURG UPFLAMÖR
Die vergessene Kelten-Festung

Sie ist nicht nur die größte, sondern auch die älteste Burganlage der Mittleren Alb. Und dennoch ist sie unter Ausflüglern so gut wie unbekannt. In dem vom Tourismus völlig ausgesparten Südwesten der Zwiefalter Alb liegt in einem Waldgebiet die spektakuläre Große Heuneburg Upflamör. Schon der Ortsname klingt eigentümlich. Doch das lässt sich einfach erklären: Das Dorf hat seinen Namen vom Nachbarort Pflummern, der geografisch tiefer liegt. „Up" meint oberhalb von Pflummern, deshalb wurde im dortigen Dialekt Upflamör daraus. Das „groß" hat diese 4,5 ha große Befestigung aus der Keltenzeit zur Unterscheidung von der berühmteren, aber mit 3 ha kleineren Schwesteranlage an der Donau bei Hundersingen als Namenszusatz bekommen (vgl. Kapitel Museum Heuneburg). Während der dortige Fürstensitz im Fokus der wissenschaftlichen Forschung liegt, gab es bei Upflamör bisher lediglich Grabungssondagen in den 1920er-Jahren. Deshalb konnte die Besiedlungsgeschichte dieses monumentalen Bauwerks bis dato nur ansatzweise geklärt werden. Den Scherbenfunden nach entstand die Anlage in der Bronzezeit, also vor über 4.000 Jahren. Die Grundlage für ihr heutiges Aussehen dürfte in der mittleren Hallstattzeit (ca. 600 v. Chr.) gelegt worden sein, die mächtigen Wälle könnten indessen aus dem frühen Mittelalter stammen.

Man nähert sich zunächst der 120 x 100 m großen Vorburg, wobei die Westseite fast völlig im Hang abgerutscht ist. Ihr schließt sich direkt südlich die eigentliche Hauptburg an. Das Trapez misst 210 x 170 x 310 m. Am Steilhang, wo der Zugang vom Tal vermutet wird, liegt eine Flankenburg. Was für Gebäude im Innenbereich gestanden haben, ist bisher nicht erforscht. Selbst Leute, die mit vorgeschichtlichen Anlagen wenig am Hut haben, dürften selbigen vor Ehrfurcht ziehen, wenn sie vor dem gewaltigen Nordwall stehen: Die Stein-Erde-Mauer wurde in einer Breite von 25 m (!) aufgeschüttet und misst rund 12 m (!) in der Höhe. Was hier genau so unglaublich schützenswert war, bleibt eines der letzten großen Rätsel der Frühgeschichte.

www.verein-keltenwelten.de

Tipp

Als ob die Zeit stehen geblieben ist: Eines der vier Bannwaldgebiete der Alb liegt 2 km westlich von Upflamör im nach Geisingen führenden Kohltal. In dem 61 ha großen Wald wurde seit 50 Jahren nicht mehr gewirtschaftet: Am Ortsende Upflamör hinab ins (Dürren-) Waldstetter Tal und rechts dem Weg 2,5 km talaufwärts in das Kohltal folgen.

LAGE

Zwischen Zwiefalten-Upflamör und Langenenslingen-Friedingen

ERREICHBARKEIT

Die Erdwall-Befestigungsanlage liegt im abgelegensten Teil der Mittleren Alb, 1,5 km südwestlich des 90-Einwohner-Dorfes Upflamör. Die Heuneburg, errichtet auf einem bewaldeten Bergausläufer, erreicht man nur zu Fuß: Im Ort parken und am Ortsende von Upflamör dem Sträßchen abwärts Richtung Friedingen folgen. Nach 700 m beginnt am linken Waldrand ein Forstweg, auf dem man nach 500 m an der rechtwinkligen Vorburg vorbei direkt zur Hauptburg gelangt.

AUTOMUSEUM
Wirtschaftswunderzeit auf der Alb

Kaum zu glauben, in welchen kuriosen Fahrzeugen die Menschen wenige Jahre nach Ende des Zweiten Weltkrieges auf den Straßen herumgegurkt sind: Holzvergaser, Lastendreiräder, Krankenfahrstühle oder Mopeds der ersten Stunde. Einerseits herrschte im Jahr 1952 im neu gegründeten Bundesland Baden-Württemberg noch Not, anderseits bereits Aufbruchsstimmung. Sage und schreibe zehn Motorradfabriken und noch einmal so viele Autobauer versuchten, am boomenden Markt des beginnenden Wirtschaftswunders ihr Stück vom dicken Kuchen zu bekommen. Von den Idealisten und Tüftlern der Stunde null sind bis heute nur zwei Firmen übrig geblieben. Martin Sauter hat für seine Sammlung fast alle zwei- bis vierrädrigen Raritäten der 1950er-Jahre aufgetrieben, sie frisch poliert und zur Präsentation im Museum zusammengestellt. Die Schau der über 140 Gefährte – davon sechzig allein aus dem Ländle – ist einmalig. Sie beginnt mit Fahrrädern, die mit Hilfsmotoren ausgestattet sind – und damit fast schon wieder topaktuell sind. Weiter gibt's die ersten Motorroller und Mopeds von klangvollen Herstellern wie NSU, Maico, Heinkel oder Kreidler zu sehen. Auch die Rennszene hat ihren Platz, schließlich wurden der Wankelmotor und die Einspritztechnik im Ländle erfunden – genauso wie der erste Unimog. Höhepunkt der Zeitreise ist die große Autoschau: Vom dreirädrigen „Schneewittchensarg" über die

Isetta 250-„Knutschkugel" zu den Superschlitten der Nachkriegszeit-millionäre. All die verschiedenen Ausstellungsstücke sind liebevoll eingebettet in den damaligen Zeitgeist: Nierentisch, James Dean-Kinoplakate und PEZ-Box.

Sa, So sowie an Feiertagen von Karfreitag bis 2. November von 10-18 Uhr durchgängig geöffnet. Zusätzliche Saison-Öffnungszeiten bitte der Homepage entnehmen. www.automuseum-engstingen.de

Tipp

Einmal im Jahr, in der Regel am 3. Oktober, findet in Engstingen das große Roller- und Kleinwagentreffen mit Nachkriegsfahrzeugen der 1950er- und 1960er-Jahre statt. Etwa 600 polierte Oldtimer werden jedes Jahr erwartet. Höhepunkt ist ein Corso um 11 Uhr und 13 Uhr über die Schwäbische Alb.

LAGE

Zwischen den Teilorten Groß- und Kleinengstingen

ERREICHBARKEIT

Das zweistöckige Oldtimermuseum mit allen möglichen Fahrzeugen und Utensilien der Nachkriegszeit auf 1.200 m² Fläche liegt zwischen den beiden Teilorten Groß- und Kleinengstingen im Gewerbegebiet. Parkplätze sind ausreichend vorhanden.

BAUERNHAUSMUSEUM
Kleinod bäuerlichen Lebens

Eine Fahrt über die Dörfer der Albhochfläche ist oft auch eine Zeitreise in die Vergangenheit: In den meisten Talorten sind die Misthaufen und Bauerngärten vor dem Fachwerkhaus aus dem Ortsbild verschwunden, es lugen kaum mehr Kühe oder Pferde aus den angebauten Ställen, und man trifft keine Leute mehr beim Gang zum Backhaus oder beim Wasserschöpfen im Dorfbrunnen. Und so wundert es ein bisschen, dass es ausgerechnet in Ödenwaldstetten, einem Bilderbuch-Albdorf, ein Bauernhausmuseum gibt: Kern des Geländes sind zwei Gebäude einer alten Hofstelle, eines aus der Zeit vor dem Dreißigjährigen Krieg um 1600, das andere von 1859. Das Besondere der beiden renovierten Häuser ist ihr konserviertes Innenleben, das die Besucher auf einem etwa einstündigen Rundgang bestaunen können. Die einzelnen Zimmer dokumentieren detailgetreu bäuerliches Wohnen und Arbeiten: Sei es die Einrichtung, der Blick in die Wäschetruhe oder die Sammlung alter Spielsachen. In den Nebengebäuden sieht es so aus, als würden die Bewohner gleich wieder durch die Werkstatttüre hereinkommen - die Besenbinder, Korbmacher, Wagner, Weber, Schumacher – oder der Schmied, dessen funktionstüchtiger Arbeitsplatz jederzeit in Betrieb genommen werden könnte. In der Remise sind längst vergessene landwirtschaftliche Maschinen und Gerätschaften zu bestaunen. Je nach Jahreszeit begeistern vor allem die idyllischen und liebevoll gepflegten Außenflächen, die als historischer Bauerngarten mit seltenen Kulturpflanzen, Heil- und Gewürzkräutern sowie landwirtschaftliches Schaufeld angelegt wurden.

Vom 1. Mai bis 31. Oktober, Mi, So und feiertags von 14-17 Uhr, im August und September zusätzlich Sa 14-17 Uhr.
www.gemeinde-hohenstein.de

Tipp

Ödenwaldstetten ist auch die Heimat einer der kleinsten Brauereien der Alb: Speidel's Brauerei'le hat eine Tradition bis ins Jahr 1763 zurück. Nach dem großen Brauereisterben durch die Expansion der Großbetriebe war 1977 auch bei der Familie Speidel Schluss. Doch seit zwanzig Jahren gibt's hier wieder die Gasthausbrauerei Lamm mit traditioneller schwäbischer Küche – und mit frisch gezapftem Naturtrübem, Weizen oder Saisonbier für den Sofortgenuss bei Biersuppe mit Speckknödeln oder in der 1-Liter-Bügelflasche zum Mitnehmen und Nachbefüllen. Brauereiführung oder Bierseminar gehören selbstverständlich dazu.
www.speidels-braumanufaktur.de

LAGE

In Hohenstein-Ödenwaldstetten

ERREICHBARKEIT

Der 6 ha große Museumskomplex liegt im östlichen Ortsbereich von Ödenwaldstetten. Im Dorf und beim Museum gibt es genügend Parkplätze.

GEDENKSTÄTTE GRAFENECK
„Das Gedenken braucht einen Ort"

Ein dunkler Schatten trübt die Idylle im Oberen Lautertal. Die historische Schlossanlage, die um 1560 inmitten einer hochmittelalterlichen Burganlage gebaut wurde, stand Anfang des 20. Jahrhunderts vor dem Verfall. Die evangelische Samariterstiftung erwarb das Anwesen und richtete ein Behindertenheim ein. Kurz nach Beginn des Zweiten Weltkrieges beschlagnahmte das NS-Regime Grafeneck und begann mit der „Aktion T4" –der Vernichtung von „lebensunwertem Leben", auch als „Aktion Gnadentod" verharmlost. Dem Euthanasiewahn fielen hier zwischen Januar und Dezember 1940 über 10.600 Menschen zum Opfer. Sie stammten aus Krankenanstalten und Heimen in Baden-Württemberg, Bayern, Hessen und Nordrheinwestfalen. Nachdem das tägliche Morden nicht länger geheim gehalten werden konnte, wurde die Vernichtungsanlage nach Limburg verlegt. Nach Kriegsende erwarb die Samariterstiftung das Anwesen wieder und nutzt es bis heute als Lebensraum, Wohnort und Arbeitsplatz für behinderte und psychisch kranke Menschen. Fünfzig Jahre nach den Morden entstand 1990 die als offene Kapelle konzipierte Gedenkstätte. Die Aufarbeitung des Massenmordes ist noch nicht abgeschlossen. Im Dokumentationszentrum des Schlosses wird das furchtbare Kapitel deutscher Geschichte eindringlich dargestellt (vgl. Kapitel Kloster Mariaberg).

Dokumentationszentrum und Ausstellung sind ganzjährig und täglich von 9-18 Uhr geöffnet.
www.gedenkstaette-grafeneck.de

Tipp

Ein Ort der Begegnung zwischen Menschen mit und ohne Behinderungen ist das Schlosscafé. Es wird vom Freundeskreis Grafeneck betrieben. Das Café unterm Glaspavillon auf der Terrasse mit herrlichem Blick auf das Lautertal ist sonn- und feiertags geöffnet (Mai bis September: 14-18 Uhr; Oktober bis April: 14-16 Uhr).

LAGE

Das im Schloss Grafeneck beheimatete Samariterstift als Einrichtung der Behindertenhilfe und der Sozialpsychiatrie liegt unweit von Marbach, zwischen Gomadingen und Münsingen auf einer Anhöhe.

ERREICHBARKEIT

Die auf einer lang gezogenen Bergzunge liegende Schlossanlage ist über die L 247 von Marbach bzw. Münsingen direkt anfahrbar (Bushaltestelle). Großer Parkplatz an der Gedenkstätte. Von dort gelangt man in wenigen Minuten zu Fuß in die historische Schlossanlage.

GESTÜTSMUSEUM OFFENHAUSEN
Pferdekunst hinter Klostermauern

Für ein Pferdemuseum ist eine Klosterkirche auf den ersten Blick ein recht ungewöhnlicher Ort. Doch beides gehört in Offenhausen untrennbar zusammen: Inmitten des heutigen Gestütshofes steht die im 14. Jahrhundert erbaute Kirche des ehemaligen Dominikanerinnenklosters „Maria Gnadenzell". Allerdings ging es hinter den Klostermauern nicht immer sittsam zu: Die Adelsfamilien der Umgebung verstanden die Einrichtung als Versorgungseinheit für die unverheirateten, weiblichen Angehörigen – was die Herren der Schöpfung nicht davon abhielt, im Kloster ein und aus zu gehen. Nach der Reformation war dann Schluss mit dem unzüchtigen Treiben. Das Kloster wurde 1534 zu einem landwirtschaftlichen Großbetrieb umgewandelt, in dem neben Maultieren und Seidenraupen vor allem Pferde gezüchtet wurden. In der über 170 Jahre lang als landwirtschaftliche Lagerhalle genutzten Kirche wurde auf zwei Stockwerken das heutige Museum eingerichtet. Wie das Leben in einem Kloster ablief, zeigt die Ausstellung im ersten Stock. Im Erdgeschoss ist die Entstehung des nur wenige Kilometer flussabwärts liegenden Haupt- und Landgestüts Marbach dokumentiert. Vor allem junge Mädchen werden hier glänzende Augen bekommen: Berufe rund ums Pferd sind Thema der Schau. Bestaunt werden können auch prachtvolle historische Kutschen, Schlitten, Geschirr, Sättel und Steigbügel. Dazwischen glänzen Bairactar, Begründer der weltberühmten Weil-Marbacher-Vollblutaraberzucht und Julmond, der legendäre Trakehnerhengst. Verschiedene, ständig wechselnde Kunstausstellungen, die sich mit dem Motiv Pferd befassen, runden das kleine Museum ab – den bei Kindern beliebten Reitsimulator nicht zu vergessen.

Das Gestütsmuseum ist geöffnet von Mitte Mai bis 1. November, Di bis Fr von 14-17 Uhr, Sa von 13-17 Uhr und So und Fei von 11-17 Uhr.
www.gomadingen.de

Tipp

Der wunderschön angelegte Klostergarten bei der Kirche zeigt eine ungewöhnliche Vielfalt an Heil- und Gewürzkräutern und viele seltene Irisarten. Umschlossen von den alten Klostermauern befindet sich ganz in der Nähe der romantische Quelltopf der Großen Lauter. Unterhalb davon lohnt ein Abstecher zum historischen Kleinwasserwerk mit interessanten Infotafeln zum Thema Wasserkraft auf der Alb. Der Besuch in Offenhausen kann für Pferdefans eine tolle Ergänzung zum Ausflug in das älteste staatliche Gestüt Deutschlands sein – dem Marbacher Kompetenzzentrum für Pferdezucht und -haltung (vgl. Erlebnisstätte Marbach). www.gestuet-marbach.de

LAGE

In Gomadingen-Offenhausen

ERREICHBARKEIT

Das Gestütsmuseum ist in der ehemaligen Klosterkirche von Offenhausen, an der Lauter untergebracht. Es liegt an der Landesstraße zwischen Engstingen und Gomadingen. Direkt beim Museum ist der Haltepunkt der Schwäbischen Alb-Bahn, dort gibt es auch genügend Parkplätze.

EHEMALIGE JÜDISCHE GEMEINDE BUTTENHAUSEN

Jüdisches Dorf an der Lauter

Im kleinen idyllischen Lautertaldörflein Buttenhausen lebte eine der wenigen großen jüdischen Dorfgemeinden, die es überhaupt auf der Alb gab. Sie umfasste mehr als die Hälfte der Dorfbevölkerung. Ermöglicht hatte dies der Ortsherr Freiherr von Liebenstein, ein Anhänger der Aufklärung, der 1787 zunächst 25 Familien im Lautertal ansiedelte. Die sich zu Händlern und Unternehmern entwickelnden Neubürger brachten Kapital in die kleine Adelsherrschaft und damit Wohlstand und technische Neuerungen in das Albdorf. 1928 heißt es im „Albboten": „Man könnte glauben, es ist ein Städtchen; überall stoßen wir auf stattliche Wohngebäude, Läden und Geschäftshäuser. ...die Einwohnerschaft macht einen städtischen Eindruck..." Juden und Christen unterschieden sich zwar in Religion, Kultur und Wirtschaftsweise – doch beide Glaubensrichtungen lebten über 140 Jahre friedlich mit- und nebeneinander. Erst die NS-Herrschaft zerstörte diese Dorfgemeinschaft brutal: Wer konnte, wanderte noch vor den Deportationen, die 1941 begannen, aus. Auf dem Weg in die Vernichtungslager wurde Buttenhausen zur Durchgangsstation für Juden aus dem ganzen Reichsgebiet. Von den zuletzt 89 jüdischen Bürgern, die 1933 noch in Buttenhausen wohnten, überlebten viele den Nazi-Terror nicht. Nach Ende des Krieges gab es hier keinen Neuanfang jüdischen Lebens mehr. Es entstanden zahlreiche Initiativen, um die Erinnerung an die zerstörte jüdische Gemeinschaft wachzuhalten, deren Geschichte durch viele ortsbildprägende Gebäude heute noch sichtbar ist.

In einem kurzweiligen Ortsrundgang wird der Besucher zu 14 Stätten und Gebäuden geführt, an und in denen an das Leben und Wirken der jüdischen Mitbürger gedacht wird. Am eindrücklichsten ist der Jüdische Friedhof am Waldrand mit seinen alten Grabsteinen. Zusätzlich zu diesem bewegenden „Freilichtmuseum" gibt es in der Bernheimerschen Realschule eine Dauerausstellung über die Juden in Buttenhausen. Öffnungszeiten: Von April bis Oktober, So von 14-17 Uhr, oder nach Vereinbarung mit dem Museum (Tel. 07 383/398 Museum; 07 381/182 115, Stadtarchiv Münsingen). www.buttenhausen.de

Tipp

In Buttenhausen steht das zur Erinnerungsstätte ausgebaute Geburtshaus von Matthias Erzberger in der Mühlsteige 21. Der 1875 geborene, spätere Zentrums-Politiker unterzeichnete für die deutsche Seite das Waffenstillstandsabkommen, das den Ersten Weltkrieg beendete. In der Weimarer Republik legte er als Finanzminister den Grundstein für ein gerechteres Steuersystem. Beide Aktionen machten ihn zur Hassfigur rechter Propaganda. Erzberger wurde 1921 von Offizieren im Schwarzwald ermordet. Das Museum ist von April bis Oktober sonn- und feiertags von 13-17 Uhr geöffnet.

LAGE

Buttenhausen im Lautertal, Teilort von Münsingen

ERREICHBARKEIT

Buttenhausen liegt zwischen Münsingen/Marbach und Hayingen im Lautertal.

KELTENMUSEEN HEUNEBURG
Erste Stadt nördlich der Alpen

Auf einem Geländesporn oberhalb der jungen Donau liegt Deutschlands spannendste Fundstätte der Eisenzeit. Die Burganlage der Heuneburg gilt als ältester historisch erwähnter Ort Mitteleuropas. In der Zeit um 600 v. Chr. entwickelte sich hier ein bedeutender keltischer Fürstensitz mit engen Handelskontakten zu den Mittelmeerländern, in dessen Umfeld mehrere tausend Menschen lebten. Um dieses Zentrum der einstigen Keltenstadt Pyrene zeugen heute noch mächtige Grabhügel von einer untergegangenen Kultur. Ein Bruchteil der rund 2.500 Jahre alten Stadtanlage, die unwesentlich weniger Einwohner als der antike Stadtstaat Athen hatte, wurde im Freilichtmuseum rekonstruiert – und ist begehbar. Funde von den seit dreißig Jahren laufenden Ausgrabungen sind im Heuneburgmuseum ausgestellt. Zusammen mit Texttafeln und beeindruckend-anschaulichen Inszenierungen bekommen Besucher einen ungemein spannenden Einblick in die Zeit der Kelten. Weil man im Mittelalter glaubte, unter den gewaltigen Aufschüttungen wie dem „Hohmichele" – dem größten Grabhügel Mitteleuropas – lägen Riesen (Hünen) begraben, kam die Bezeichnung „Heune"-Burg auf (vgl. Große Heuneburg Upflamör).

Beide Museen sind von April bis Oktober, Di bis So + Fei von 10-17 Uhr geöffnet. www.heuneburg.de

Tipp

Ein gut ausgeschilderter Archäologischer Wanderweg verbindet in der Umgebung der Heuneburg liegende Grabhügel und Viereckschanzen mit der Heuneburg und dem Heuneburgmuseum. Wer die 8 km lange Rundstrecke nicht ablaufen will, kann die 11 Ziele auch direkt ansteuern. Im Bereich des Parkplatzes finden sich bereits vier Großhügel mit Infotafeln, zwei weitere an der Straße Richtung Hundersingen. Auf keinen Fall auslassen sollte man das 2 km westlich der Heuneburg im Wald liegende heute noch 36 Grabhügel umfassende Friedhofsfeld; dazwischen der 85 m breite und 13 m hohe „Hohmichele"-Hügel. Man erreicht das Grab des Gründers der Heuneburg-Dynastie über das Sträßchen, welches nordwestlich von Hundersingen aus dem Ort führt.

LAGE

Zwischen Heiligkreuztal/Binzwangen und Hundersingen

ERREICHBARKEIT

Das keltische Freilichtmuseum liegt außerhalb von Hundersingen, das Heuneburgmuseum an der Durchgangsstraße des Herbertinger Teilorts Hundersingen. Über die B 32 (von Ulm) und 311 (von Hechingen) erreicht man zwischen Herbertingen und Mengen die gut ausgeschilderte Abfahrt: Durch den Ortskern von Hundersingen in Richtung Binzwangen führt die Straße vorbei am Heuneburgmuseum, nach 2 km erreicht man den Parkplatz des Freilichtmuseums.

OSTEREIMUSEUM
Zeitlose ovale Kunst

Deutschlands erstes Ostereimuseum ist 2013 zwanzig Jahre alt geworden. Im ehemaligen Erpfinger Schulhaus dreht sich alles um das Osterei im christlichen Brauchtum sowie um mit verschiedenen Techniken verzierte Eier als Kulturobjekte aus der ganzen Welt. Jeder Besucher wird beim Anblick der vielen Schätze unweigerlich wieder an die Osterzeit seiner Kindheitstage erinnert. Hier können Eltern und Kinder über tausend Ausstellungsstücke in allen Farben und Formen genauer unter die Lupe nehmen. Aber auch außerhalb der Osterhasenzeit ist das Museum einen Ausflug wert. Die Exponate der Dauerausstellung reichen vom Finkenei über das klassische Hühnerprodukt bis hin zu beeindruckenden Straußeneiern. Wenn man es nicht mit eigenen Augen gesehen hat, würde man nicht glauben, mit welchen Techniken die fragilen Eier bemalt, graviert oder gefräst werden können. In ständig wechselnden Sonderschauen wird das Ei überdies in allen seinen Facetten von Künstlern und Sammlern präsentiert.

Geöffnet von Mitte März bis Anfang Juni, Di bis Sa von 10-17 Uhr, So + Fei von 11-17 Uhr und von Mitte Juni bis Anfang November, So von 11-17 Uhr.
www.sonnenbuehl.de

Tipp

Erpfingen ist Luftkurort. Deshalb nach der Vitrinenschau „auf zum Beine vertreten". Am Ortsausgang Richtung Stetten u. H. liegt rechter Hand der kleine Kurgarten der Gemeinde mit Kneipp'schem Wassertret- und Armbadebecken, außerdem gibt es einen Kräuterlehrpfad mit zahlreichen in Vergessenheit geratenen Heil- und Nutzpflanzen. Auf der gegenüberliegenden Seite (Parkplatz am Aufstiegspfad) lugt der unter Albbesuchern wenig bekannte Bergfried der Ruine Hohenerpfingen aus der bewaldeten Anhöhe. Diese wildromantische ehemalige Burgstätte stammt aus der Zeit nach 1150.

LAGE

Im Sonnenbühler Teilort Erpfingen

ERREICHBARKEIT

Das Ostereimuseum liegt im Sonnenbühler Teilort Erpfingen, mitten im Ort, nicht weit von der Kirche entfernt. Parkplätze für die barrierefrei zugängliche Einrichtung in der Steigstraße 8 liegen jedoch nicht direkt vor dem Haus.

STAUFFENBERG GEDENKSTÄTTE

Berühmter Widerstandskämpfer aus Lautlingen

Die Geschichte wurde zwölf Mal verfilmt. Zuletzt zog Tom Cruise im Thriller „Operation Walküre" ein Millionenpublikum bei der Schilderung des missglückten Attentats gegen Adolf Hitler am 20. Juli 1944 in seinen Bann. Claus Schenk Graf von Stauffenberg, Offizier der deutschen Wehrmacht, war während des Zweiten Weltkriegs eine der zentralen Persönlichkeiten des militärischen Widerstands gegen den Nationalsozialismus. Nach dem von ihm verübten Bombenanschlag gegen den Führer im Hauptquartier der Wolfsschanze gingen er und seine Mitverschwörer zunächst davon aus, dass Hitler ums Leben gekommen sei und leiteten den von langer Hand vorbereiteten Umsturzversuch ein. Der Diktator überstand den Anschlag allerdings leicht verletzt und ließ die Widerstandskämpfer verhaften und hinrichten. Von Stauffenberg wurde noch am selben Abend in Berlin exekutiert, seine Leiche verbrannt und die Asche verstreut. Sein älterer Bruder Berthold wurde nach einem Schauprozess in Plötzensee erhängt.

Die Tragödie des gescheiterten Widerstands ist hinreichend bekannt. Weniger bekannt ist, dass die Familie Stauffenberg von der Zollernalb stammt und die Brüder ihre Kindheit und Jugend zusammen mit den Eltern auf dem Sommersitz im Stauffenberg-Schloss in Lautlingen verbrachten. Neben den Ereignissen um den 20. Juli nimmt die Familiengeschichte im Schloss-Museum breiten Raum ein. In der Gedenkkapelle, in der Familiengrabstätte und im Schlossgarten wird an die hingerichteten Widerstandskämpfer und die Opfer des NS-Regimes erinnert. Der Schlosshof bietet eine weitere Fülle an Informationen: So hat man als Besucher auch außerhalb der Öffnungszeiten die Möglichkeit einen Parcours mit Infotafeln zu verschiedenen geschichtlichen Themen zu begehen.

Die Gedenkstätte, die dem Widerstandskämpfer Claus Schenk Graf von Stauffenberg gewidmet ist, ist im Schloss der alten Adelsfamilie von Stauffenberg eingerichtet. Die Außenanlagen und die Gedächtniskapelle an der Johanneskirche sind frei zugänglich. Im Schloss ist auch die Musikhistorische Sammlung Jehle untergebracht. Sie umfasst historische Streich- und Zupf-, Holz- und Blechblas- und vor allem Tasteninstrumente. Beide Museen sind Mi, Sa, So und Fei von 14-17 Uhr geöffnet, oder nach Vereinbarung (Tel. 07 431/763 103).
www.albstadt.de

Tipp

In Lautlingen gibt es die längste Textilbetonbrücke der Welt. Das 2010 von der Ebinger Groz-Beckert KG gestiftete 100 m lange Bauwerk aus epoxidharzgetränktem, textilem Glasfasergelege führt vom Kirchhof über die Bundesstraße. www.groz-beckert.com

LAGE

An der Ortskirche und in der Schlossanlage von Albstadt-Lautlingen

ERREICHBARKEIT

Das Stauffenberg-Schloss mit Museen und Kirche liegt direkt an der B 463 zwischen Balingen und Ebingen (Abzweigung Richtung Meßstetten, Hinweisschild zum Parkplatz Schloss folgen).